Jean-Marie Kardinal Lustiger

Freude
der Weihnacht

Herder

Freiburg · Basel · Wien

Übersetzung aus dem Französischen von
Hans Urs von Balthasar
August Berz

Vorwort

Weihnachten in Paris? Ein Lied, das in den letzten Jahren, nicht zuletzt durch das Radio, sehr populär geworden ist, vermittelt eine Vorstellung davon: „O du lieber Weihnachtsmann, / kommst du aus dem Himmel dann / mit viel Spielzeug auf uns zu, / denk an meinen kleinen Schuh ..."

Der „Schuh" gehört in Frankreich nicht zur Feier des Nikolaustages; vielmehr stellten die Kinder in allen Familien am Heiligen Abend ihre Schuhe in den Kamin. Die Eltern legten ihre Geschenke hinein und sagten, das „Jesuskind" habe sie gebracht. So war es jedenfalls früher. Heutiger Lebensstil hat das Christkind durch den „Weihnachtsmann" ersetzt; überall triumphieren Konsum, Genuß, lärmende Ausgelassenheit ...

Den Glaubenden drängt es, an der Krippe zu beten, in der Stille. Er nähert sich dem Zentrum des Glaubens, das bislang verborgen war: das menschgewordene Wort ist ein wortloses Kind. Alles, was geschehen ist, bewahrt Maria, die Mutter und Jungfrau, in ihrem Herzen. Was die Gläubigen in ihren Liedern zum Ausdruck bringen, sangen zuerst die himmlischen Chöre: „Ehre sei Gott in der Höhe und Friede den Menschen seiner Gnade."

3

In den Kirchen von Paris vermischt sich der Gesang der Engel mit dem Lärm heidnischen Treibens draußen auf den Straßen. Die Gottesdienstgemeinden der Heiligen Nacht und des Weihnachtstages sind so bunt zusammengewürfelt wie nie im Jahr. Der Priester, der in diesen Gottesdiensten das Evangelium bezeugen soll, steht vor einer sehr schwierigen Aufgabe. Die Leute drängen sich in den Gasthäusern, für Maria ist da kein Platz ... Der Priester steht gleichsam an der Türschwelle der Kirche. Die Scharen der Passanten erscheinen ihm oft wenig bereit, im Stall von Bethlehem ihren Platz zu suchen. Und doch ist der Auftrag Gottes da, die Frohe Botschaft zu verkünden. Gott läßt ihn teilhaben an der Sendung der Hirten, Boten der großen Freude für das ganze Volk zu sein.

So enthält dieses Buch Worte, die nach dem Herz derer suchen, welche unschlüssig schwanken zwischen dem Gasthaus, das so voll ist, und dem Stall mit dem Kind.

+ Jean-Marie card Lustiger

Inhalt

III

Erscheinung des Herrn
Matthäusevangelium 2, 1–12

I

Heute ist euch
der Retter geboren

In jenen Tagen erließ Kaiser Augustus den Befehl, alle Bewohner des Reiches in Steuerlisten einzutragen.

Dies geschah zum erstenmal; damals war Quirínius Statthalter von Syrien. Da ging jeder in seine Stadt, um sich eintragen zu lassen. So zog auch Josef von der Stadt Nazaret in Galiläa hinauf nach Judäa in die Stadt Davids, die Betlehem heißt; denn er war aus dem Haus und Geschlecht Davids. Er wollte sich eintragen lassen mit Maria, seiner Verlobten, die ein Kind erwartete. Als sie dort waren, kam für Maria die Zeit ihrer Niederkunft, und sie gebar ihren Sohn, den Erstgeborenen. Sie wickelte ihn in Windeln und legte ihn in eine Krippe, weil in der Herberge kein Platz für sie war.

In jener Gegend lagerten Hirten auf freiem Feld und hielten Nachtwache bei ihrer Herde. Da trat der Engel des Herrn zu ihnen, und der Glanz des Herrn umstrahlte sie. Sie fürchteten sich sehr, der Engel aber sagte zu ihnen: Fürchtet euch nicht, denn ich verkünde euch eine große Freude, die dem ganzen Volk zuteil werden soll: Heute ist euch in der Stadt Davids der Retter geboren; er ist der Messias, der Herr. Und das soll euch als Zeichen dienen: Ihr werdet ein Kind finden, das, in Windeln gewickelt, in einer Krippe liegt.

Und plötzlich war bei dem Engel ein großes himmlisches Heer, das Gott lobte und sprach:

Verherrlicht ist Gott in der Höhe, und auf Erden ist Friede bei den Menschen seiner Gnade.

Lukasevangelium 2, 1–14

„Fürchtet euch nicht"

Wir haben gesungen: „Ein Kind ist uns geboren, ein Sohn ist uns geschenkt" (Jes 9,4f). Wären wir geistlich nicht aufmerksam genug, dann könnte das von Ergriffenheit bebende Wort des Jesaja uns vielleicht nur an die Huld der Kindheit und an seine Unschuld gemahnen.

Dann aber haben wir auch, gleichsam als Vorspiel, die Verkündigung an die Jungfrau vernommen. Das erinnerte uns, daß das Gnadengeschenk des Kindes, des die Verheißung erfüllenden Sohnes nur innerhalb eines gläubigen Volkes und durch dieses selbst in Empfang genommen werden kann. Das der Welt geschenkte Kind ist nicht ein Funke überschwenglicher Freude, der für einen Augenblick in der Nacht der Menschheit aufflammt, die sich, sobald der Blitz vorbei ist, davon gleich wieder abwendet. Das Kind, das geboren wird, ist eine Erfüllung, kann deshalb nur empfangen werden von einem, der an die Verheißung glaubt. Für den, der um keine Verheißung weiß, wird in der Heiligen Nacht auch kein Kind geboren. Empfangen wird es nur, wo es erwartet wird. Und wo es entgegengenommen wird, übertrifft es jede Erwartung, und wird sie ewig übersteigen.

Dieses Kind ist zum Heil aller Nationen, aller

Völkerschaften geboren. Es vermittelt das Heil und verschafft den Frieden, indem es sich selber als gerecht, als heilig und unschuldig dahingibt. So wird es zum Sündenbock der Bosheit aller. Jede Gemeinheit, jede Macht des Bösen erschöpft seine Kräfte an dem, der sich willig und frei der brudermörderischen Aggression der Menschen ausliefert.

Das Kind wird gegeben, weil der Sohn sich liefert; in diesem Sinn kann gesagt werden, das Kind sei allen Menschen gegeben, so wie ein Geschenk verteilt wird, auch an solche, die es verschleudern. Ja, das Kind ist allen Menschen gegeben, weil es für alle Menschen hingeliefert werden muß.

Eine erste Haltung wird uns somit in der Heiligen Nacht nahegelegt: daß wir von Gott, der uns sieht und uns sammelt, gleichgültig, welches unsere Überzeugungen oder Zweifel sein mögen, daß wir von Gott, vor den wir hintreten, erbitten, an die ergangene Verheißung glauben zu dürfen und daß sie uns betreffe und daß sie zur Erfüllung gelangen könne.

Das Kind, der Sohn, der gegeben ist, will ferner durch die Welt hin, von überall her eine Menge von Brüdern zusammenrufen: aus allen Nationen und Völkern und Kulturen. Daß sie von überall herkommen besagt nicht, daß sie jetzt die einhellige Sammlung aller Menschen darstellen, die von irgendwoher zusammengeströmt sind, ohne von ihrer Berufung zu wissen. Wir wissen nicht und können nicht wissen, wer unter den Menschen der Erde zum Bruder Christi berufen ist, solche, die „ordentlich" scheinen und solche die „unordentlich" scheinen, Gebildete oder Ungebildete, moralisch Gesunde oder Heruntergekommene, Einsichtige oder Zweifelnde, solche, die den Christenglauben ausdrücklich kennen und die andern, die in einer Gewißheit installiert sind oder auch ununterbrochen von der Frage gepeinigt werden.

Wir wissen nicht, wer unter uns und in der Menge der Menschen gerufen ist, Bruder Christi zu werden. Wir wissen einzig, daß diese „Erwählten" das Volk bilden, das Gott sich durch die Weltgeschichte hin aussucht. Dieses Volk nun wird heute dazu gerufen, für die Welt das Kind zu sein, das geboren wird. Sind wir doch die – wir sagten das schon –, die im Glauben das verheißene und gegebene Kind erhoffen und erwarten müssen. Aber zugleich sind wir die, die auf gewisse Weise das Kind selber bilden, das der Welt gegeben wird.

Gemeint sind alle, die der Geist dazu ruft, Brüder Christi zu sein, weil sie die Art seines Daseins teilen, Glieder seines Leibes sind, die Gnade und das Glück haben, mit seinem Wort in Fühlung zu sein, den Nachlaß ihrer Sünden zu erhalten, an ein von Gott verliehenes Leben zu glauben, anerkennen, daß sie ein wenig lieben können trotz ihrer geringen Liebenskraft: Alle, die das von Gott gekommene Licht zu empfangen wagen, sind dazu berufen, ihrerseits in Christus hingegebene Söhne für das Heil der Menschen zu sein.

Wir sind nicht Profitöre des Jesuskindes, sondern Brüder Christi. Und was wir in dieser Weihnachtsnacht miteinander zu teilen haben, ist nicht die wohlige Wärme unseres Beisammenseins, sondern die Einsamkeit Jesu. Was wir in der Heiligen Nacht untereinander austauschen ist die innerste, überwältigende Freude derer, die ein solches Wort für möglich halten, aber genötigt sein werden, in der Nacht der Welt diese Hoffnung wie ein flackerndes Flämmchen zu tragen, die sich klar sind, daß wir beim Verlassen dieser Stätte, wo das Wort hingegeben und verteilt wird, uns draußen vorfinden werden, nicht in Kommunion, sondern in tiefer Verfremdung. Denn diese heimliche Botschaft, die durch unsere Nacht hallt, wer hört sie, wer lauscht ihr?... Und wir haben uns nicht zu beklagen. Wir haben das Wort und die Hoffnung in der uns von Gott dafür gegebenen Kraft hinauszutragen: so lautet unser Auftrag. Und wenn Gott es uns gibt, geben zu müssen, ohne irgendwas dafür zu erhalten, dann sei er dafür bedankt, denn ebendies tut Christus für uns und für alle. Und wenn Gott es uns gibt, an eine Hoffnung zu glauben und einen Frieden zu empfangen, der aus Verfolgungen, Tränen und Verzeihen besteht, dann sei ihm dafür gedankt, denn so wird sein Knecht behandelt und sind die Seligpreisungen in der Geschichte verzeichnet.

Und wenn wir, als diesem Wort Ausgelieferte, uns entziehen, weil wir's zu hart finden, und uns dennoch ihm wieder zuwenden und zu Trost, Verzeihen und Hoffnung zurückfinden, dann sollen wir uns freuen, denn das versammelte Volk, die Kirche, besteht aus lauter vergebenen Sündern, wiederversöhnten Feiglingen, wiederversammelten Flüchtlingen, aus Kleingläubigen, die eine ihnen nicht gehörende Kraft erhalten haben.

Und wenn wir der Ansicht sind, daß wir nichts besitzen – ich rede nicht von Gütern dieser Welt, der beste Gebrauch, der davon zu machen ist, besteht in ihrer Übergabe an die Großmut Gottes; ich meine vielmehr, daß wir nichts sind und nichts haben, weil wir sterblich sind –, dann ist Freude geboten, denn wir tragen den Reichtum Gottes, und unser Dasein erhält sein Vollgewicht und seinen Sinn, den niemand uns rauben kann, aus der Liebe, die wir fortan zu bezeugen haben.

Brüder, zwei Gestalten sind uns in der Heiligen Nacht in Christus vorgestellt, beide als die Form unserer eigenen Existenz: die der Jungfrau, der Tochter Zion, die die Verheißung empfängt und die ausharrt und weiß: sie wird sich erfüllen; und die des Sohnes, des Knechtes, in dem wir Brüder sind, und der der Welt ausgeliefert wird für den Frieden der Welt. Möge jeder, gemäß dem, was er zu hoffen sich getraut, sich unter die eine oder die andere dieser Gestalten stellen: die der Mutter, die des Kindes.

Und wagte einer es noch nicht, diesen Schritt zu tun, so sei er wenigstens wie der Kleine und Arme, der in der Nacht die große Botschaft vernimmt und die Himmel offen sieht. Er nehme seinen Mut zusammen und stimme in die Danksagung ein, denn auch ihm ist der Friede zugesagt, da er zu denen gehört, die Gott liebt.

Das unbegreifliche Ereignis

Was ist seit einem Jahr geschehen? Besteht ein Unterschied zwischen dieser Weihnacht und der des vorigen Jahres? Oder werden wir Jahr für Jahr unerbittlich zum gleichen reglosen Punkt zurückgeführt? Hebt dieses Fest, diese Nacht die Zeit auf? Sollen wir tun, als wäre nichts vorgefallen, da wir zum gleichen Ursprung zurückkehren, zum Punkt, da alles noch möglich ist und wir einen Augenblick lang unsere Unschuld wiederfinden? Können wir spielen, als sei das Leben nicht weitergeflossen? Ist also seit einem Jahr nichts vorgefallen, das nicht dank diesem Einschnitt in Zeit und Geschichte, dem Geburtstag des Herrn, dem Auftauchen dieses stummen Kinds mitten im Schweigen der Menschheit gemessen werden könnte?

Nun, vorgefallen ist, was uns die Bildschirme zeigen, die uns bestürmen und betäuben, was wir täglich durch die Informationsmittel zu sehen oder zu lesen bekommen, was man uns zuträgt und was uns oft bedrückt oder übersättigt, und wovon wir nicht wissen, was wir denken sollen. Was sich jedoch in der Heimlichkeit jedes einzelnen Lebens abgespielt hat, wer wollte das sagen und daraus eine Summe ziehen? Wer kann aussprechen, was dieses Jahr für uns war, sein Gewicht an Glück und Unglück, Wahrheit und Lüge, Feigheit und Mut? Wer kann beurteilen, ob wir wirklich gelebt haben oder ob wir Schläfer oder Träumer gewesen sind?

Wenn wir in dieser Heiligen Nacht den Versuch unternehmen, die zerrinnende Zeit, unser Leben, das sich verläuft und entgleitet, zu ermessen, so werden wir durch die Weihnacht vor das Bild einer neu sich begebenden Geburt geführt. Welche Wirklichkeit wird uns damit bedeutet? Diese: Gott, den der Mensch nicht zu sehen vermag, dessen Antlitz verborgen bleibt: in der stummen Gestalt eines uns überantworteten Kindes gibt er sich wirklich dahin. Wir aber dürfen hoffen, daß auch wir zusammen mit diesem Kind in einem Geborenwerden begriffen sind. Was die Erinnerung der Geburt des Sohnes Davids uns seit einem Jahr zu bedenken erlaubt, ist unsere eigene Geburt. Nicht als hätten wir in diesen Ursprungs-Augenblick zurückzukehren, unser Dasein erneut in den mütterlichen Schoß einzubergen, was nur Chimäre und Schwäche, Flucht vor der Wirklichkeit wäre. Vielmehr sollten wir unser reales Dasein als ein Geborenwerden aus Gott betrachten, der uns durch die Macht des Heiligen Geistes ein neues Leben schenkt.

Zwei Perspektiven auf unsere Existenz hin werden uns demnach nahegelegt, um zu wissen, was sich seit einem Jahr ereignet hat.

So viel vertanes Leben, verlorene Zeit, soviele gehäufte Scheußlichkeit, die niemand zusammenrechnen kann, soviel umsonst verschenkte Güte und Liebe. Soviel Unwiderrufliches, für uns Unbegreifliches. Soviel Leben, das in den Tod sich ergoß ...

Aber im Geheimnis, in das uns das Evangelium eingeführt hat, zu einer Stunde, da kein menschliches Wort gesprochen wurde, es sei denn die Worte der Gottgesandten, der Engel, läßt sich einsehen, daß diese Zeit in Wahrheit doch eine Zeit war, da Gott uns Geburt geschenkt hat. So wie er sein Wort im Fleisch geboren werden ließ.

Wir sind hingestellt vor den Sohn, vor das Wort, das Fleisch wurde, vor dieses Leben, das in einen Futtertrog gelegt ist, vor Gottes Geheimnis, das so zerbrechlich und rätselhaft wird wie dies kleine Kind, vor das unbegreifliche Ereignis, das in diesem unbedeutenden Vorgang erkannt werden soll – unbedeutend aber nicht für jene, die das Wort hören und es im Herzen bewahren, für jene, die um Gottes Ruf und Erwählen und Liebe wissen, die an sein Verzeihen und seinen rettenden Willen glauben. So ist uns dieses Wort geschenkt als ein Zerbrechliches und gleichzeitig als ein Pfand der Hoffnung. Unsere eigene Geburt im Geist wird uns damit vorgestellt. Und daß wir, nach dem Wort Pauli, ein Leib sind, ein Leib für Christus, ein Fleisch für diesen Geist.

Was hat sich seit einem Jahr begeben? Christus hat uns erfaßt, um aus unserem sündigen Fleisch seinen verklärten Leib zu bilden. Wir dürfen es bezeugen, trotz einer Zeit, deren wir uns vielleicht schämen, eines Wandels, der uns kleinlaut macht, trotz all der Fesseln und Zwänge, die abzuschütteln uns noch immer unmöglich scheint: inmitten der Nacht ist ein machtvolles Wort erklungen und hat uns ein Leben in seiner Freude gewährt. Das können wir bezeugen.

Lassen wir ohne Gereuen diese Freude bei uns eintreten, lassen wir sie die unsrige sein. Wir stellen sie nicht in Gegensatz zur Traurigkeit der andern, nicht einmal zur unsern. Wir nehmen Gottes Geschenk entgegen, das er uns in der Zartheit dieses Kindes macht. So entgegen, wie wir nun bald den eucharistischen Leib empfangen werden, den hingelieferten, gefährdeten im Futtertrog. Noch ist das Wort stumm, aber es will uns die Rede schenken. Schon ist es lebendig und will uns läutern, uns zu einem heiligen Volk machen, eifrig, das Gute zu tun, dankzusagen, zu segnen.

Diese Hoffnung ist dem Anprall jedes Widerspruchs gewachsen. Aber es mag uns schwer erscheinen, sie zu ergreifen, wenn in uns zuviel Widerstand, zuviel Weigerung oder Unverständnis sich sträubt, zu vielerlei Einwände gegen das Wagnis sich erheben, an ein solches Geschenk glauben zu können.

Erinnern wir uns dann, wie sehr das Schweigen dieser Nacht ein ermunterndes ist. Es ist ein demütiges, bergendes Schweigen der Kirche, zu dem wir eingeladen sind, das wenig zu tun hat mit dem Lärm auf unsern Straßen und dem Getöse unserer Feste. Es ist das Schweigen der armen Leute, derer, die geglaubt und die dieses Kind empfangen haben, das Schweigen Marias, Josephs, des Sohnes Davids, der herbeigerufenen Hirten, aller, die auf dem Platz sind und nichts weiter wollen als empfangsbereit sein und entgegennehmen. Und das Kind selber schweigt...

Dieses Schweigen ist entgegenkommend, voller Gunst und Wohlwollen. Man verlangt von uns keine Worte, nicht einmal solche im verborgenen Herzen. Wir dürfen still sein und hoffen, daß im Schweigen des Menschen und im Schweigen Gottes, heute Nacht das große Verzeihen ergeht. Der Friede besteht in nichts anderem. Er ist der Segen des Gottes, der bis zu uns kommt, der den Menschen allseits überbordet und angesichts dessen man nichts mehr sagen kann. Im Versagen unserer Worte können wir dann, wahrhaft, demütig, danksagen für das Wort, das, noch stumm, Fleisch geworden ist.

Das Zeichen
des ausgelieferten Kindes
in der Krippe

1. In diesem Augenblick möchten wir, daß die ganze Welt eines Sinnes mit uns würde, um die Größe des Ereignisses wahrzunehmen, das uns zusammenführt.

Zu manchen Zeiten hatten wir die Illusion, dies sei tatsächlich der Fall. Es hat Epochen gegeben – Glanzepochen, wie wir nachträglich oder von ferne denken –, wo eine Gemeinschaft von Christen in der Weihnachtszeit sich ohne weiteres einbilden konnte, die ganze Welt sei mit ihr in Einklang. Doch heute wissen wir trotz der herzlichen Gemeinschaft unserer so zahlreichen gottesdienstlichen Gemeinde, trotz unseres guten Willens, über den wir in dieser Nacht einen Augenblick lang verfügen, sehr wohl: Christus als den Messias, den Retter, den Davidssohn bekennen, der die Verheißung erfüllt, heißt: selbst in unseren traditionell christlichen Ländern, und vielleicht vor allem in dieser Zeit und in diesen Ländern, sich mit ihm einer Prüfung aussetzen: der Prüfung des Verlacht- und Verspottetwerdens. Oder, was noch schlimmer ist, der Prüfung des Verkannt- und Übersehenwerdens.

Wie also sollen wir in der Geburt Christi gläubig das zentrale Ereignis der Weltgeschichte erkennen, das den Frieden und die Fülle des

Lebens Gottes bringt? Wie sollen wir es miteinander erkennen, vor es hintreten, sein Licht auf uns wirken lassen, wie sollen wir es hinnehmen, daß unser Leben in Frage gestellt wird, wenn doch dieses zentrale Ereignis so sehr angezweifelt wird, daß man es sogar belächelt oder leugnet?

2. Doch vielleicht haben wir einen ersten Fehler begangen: Wir meinten, diesem Kind Glauben zu schenken, heiße eine weithin anerkannte und von allen angenommene Wahrheit teilen. In der Weihnachtsgeschichte aus dem Evangelium des heiligen Lukas wird die der Kirche verheißene Situation ganz anders geschildert. Während sich die Macht Roms entfaltet, während der Wille des Kaisers Augustus die ganze Erde in Bewegung versetzt, um die Bevölkerung zu zählen – während sich also diese Weltgeschichte und ihre kaiserliche Logik abspielt, hat sich einigen wenigen eine andere, geheime, der Menge unbekannte Geschichte enthüllt. Der Kaiser Augustus wird ja in diesem Moment nicht zu wissen bekommen, daß in Israel ein Retter, der Messias, der Herr, geboren worden ist. Das Zeichen dafür wird damals bloß den Hirten gegeben. Sie sollen zu dessen Zeugen werden. Sie sind die namenlose Vorgestalt dessen, was die Kirche sein wird. Und das Zeichen, das ihnen gegeben wird, ist ein Kind in der Krippe – das unerklärlichste und unspektakulärste Zeichen; ein Zeichen, das viel mehr verbirgt, als es zeigt.

Dieser Evangeliumstext hebt sehr stark die Haltung hervor, zu der die Menschen berufen sind, welche diese Ankündigung erhalten: Sie müssen sich tief hineinlassen in das Dunkel und die Nacht der Welt, um von Gott ein Licht zu empfangen, ein überhelles, irritierendes Licht. Sie können es nur dann empfangen, wenn sie bereit sind, an das Zeichen zu glauben, das Gott ihnen gewährt. Während sich die unerbittliche Abfolge der Reiche und der Jahrhunderte abspielt, sind sie im Dunkel der Nacht Judäas bereit, das dürftige Zeichen ansehen zu gehen, das Gott ihnen gibt: das neugeborene Kind in der Futterkrippe.

Die Gruppe der Glaubenden ist in diese Welt und ihre Nacht gerufen, um in einem Akt des Glaubens die Macht eines Lichtes zu tragen und zu empfangen, das von Gott kommt. Und dieses Kind, das ihnen zum Zeichen gegeben wird, zum Zeichen einer anderen Geburt, als Kind einer anderen Geburt, als Gabe Gottes, die in der Schwäche des Menschen und in der Ohnmacht des Menschen plötzlich auftaucht – diese Gabe sollen sie als eine Gnade, als eine Befreiung entgegennehmen, deren Ablauf sie nicht sehen. Sie selbst sind hineingenommen in dieses Geheimnis, das ihnen anvertraut wird. Diese Geburt, die eine Vollendung ist, ist erst ein Beginn.

Von vornherein werden sie dazu verpflichtet, dieses Heil als ein Risiko entgegenzunehmen. Wir wissen wohl, daß dieses Kind, das als Retter ausgegeben wird, ein verlorenes Kind sein wird, um die Verlorenen zu retten. Wir wissen wohl, daß der, den wir als den Friedensfürsten anerkennen, durch den Krieg und das Schwert niedergemacht werden wird. Wir wissen wohl, daß man den, von dem die Vergebung ausgeht, der

Prüfung des Hasses und der Verleugnung und des Verrats unterziehen wird. Und wir können in dem Moment, da wir die Geburt Christi entgegennehmen, keinen Augenblick den weiteren Verlauf der Geschichte vergessen.

3. Und doch wird dieses Zeichen des Kindes auch uns gegeben. Auch wir werden berufen, es wahrzunehmen im Schweigen der Geschichte, inmitten der Widersprüche, in denen die Menschen befangen sind. Auch wir sollen jetzt hingehen, um das einzige Zeichen wahrzunehmen, das uns zugänglich ist: das in der Krippe ausgelieferte Kind.

Das in der Krippe ausgelieferte Kind ist heute auch der Leib, den der Heilige Geist Christus gibt, der Leib, der im Begriff ist, in der Erniedrigung geboren zu werden, der Leib, der seine Kirche ist. Das Kind in der Krippe ist heute dieser Leib, zu dem wir werden und zu dem es uns werden läßt. Das Kind in der Krippe ist heute die Geburt eines ausgelieferten Leibes, dem die Macht des Heiligen Geistes Brüder beigesellen will, damit sie in der Welt ebenfalls zu ausgelieferten Leibern der Liebe Gottes werden. Und infolgedessen besteht der einzige Zugang zu diesem Mysterium, zum Zeichen des Kindes in der Krippe, darin, daß man bereit ist, in es einbegriffen, in es eingegliedert zu werden.

Somit werden wir an die Schwelle geführt, wo wir nicht mehr eines Publikums bedürfen, das uns Beifall klatscht; wo es wenig darauf ankommt, uns nach dem treuen oder untreuen verhöhnten Antlitz zu fragen, das die Kirche in der heutigen Zeit aufweisen mag; wo es wenig dar auf ankommt, ob es auf dieser Welt Millionen von Menschen geben wird, die in dieser Nacht mit uns eins sein werden, oder ob die paar wenigen Gläubigen einander kaum noch kennen werden. Es kommt wenig darauf an, mit welcher Einmütigkeit sich heute die Welt um Christus versammelt oder welche Einsprüche gegen ihn sie in diesem Moment vorbringt. Vielmehr kommt es darauf an, ob in diesem Moment wir, die sich in der Heiligen Nacht zur Feier der Eucharistie versammeln, zu denen gehören wollen, die den, der sich ausliefert, um gegeben zu werden, in sich hineinkommen lassen.

Es ist wichtig, daß wir Gott erkennen, der uns eine Huld erweist. Es ist wichtig, daß im Teilnehmen am Dasein des Kindes, das uns geboren, des Sohns, der uns geschenkt wird, auch wir in der Gnade und der Macht Gottes ausgeliefert, gegeben, dargeboten werden zum Heil der Menschen. Auf diese Weise vollendet sich die Mutterschaft Mariens in der Mutterschaft der Kirche.

Somit handelt es sich um das Mysterium einer Geburt, die ein Ereignis ist, unsere eigene Geburt in der Geburt Christi. Weder Christus noch die Kirche geben sich in den Schauspielen zu erkennen, die von Eitelkeit und Dummheit dargeboten werden, sondern in der geheimen, schlichten Realität, wo unsere eigene Schwäche und unsere eigene Sünde entdeckt und vergeben werden.

Das Weihnachtsereignis wird uns nicht als ein Bild vor Augen gestellt oder als etwas Nostalgisches unserem Geist eingeprägt. Es tritt in unserem Dasein als eine Lebensmacht zutage. Gott läßt uns auftauchen, geborenwerden und ein unverhofftes Leben leben, das Leben derer, die wissen, daß Gott sie liebt; das Leben derer, die von Gott berufen werden, trotz ihrer Sünden Träger der blendenden Realität der Liebe zu sein, mit der er uns liebt, in der Finsternis Licht der Welt zu sein.

Wir möchten wohl in dieser Nacht, daß die Verheißungen des Jesaja, von denen die Lesung (Jes. 9, 1–3, 5–6) spricht, zu einer greifbaren Wirklichkeit werden. Wir wissen, daß religiöse, gläubige Männer, die an das Wort Gottes glauben, in wenigen Stunden im Namen der Worte, die wir in der Lesung gehört haben, vielleicht eine Versöhnung versuchen werden*. Wir wissen: Tausend dunkle Zeichen durchziehen unsere Geschichte; bald sind es Zeichen der Hoffnung, bald Zeichen der Verwirrung und Schande. Doch wir sollen unseren Blick nicht auf all das richten; es gehört nicht zu unserer Sendung.

Unsere Sendung, dank derer Gott sein Werk vollziehen kann, besteht darin, das Zeichen zu gewahren, das uns gegeben wird, und es in Frieden aufzunehmen, damit der Friede geschenkt werde.

---

* Treffen von Sadat und Begin in Ismailia am 25. Dezember 1977.

Durch die Liebe Gottes
geboren

Bevor ich in die Kathedrale kam, habe ich die erste Weihnachtsmesse in der polnischen Gemeinde von Paris gefeiert. Während ich mit diesen Gläubigen – Männer und Frauen, Junge und Alte –, die die Lieder ihres Landes sangen, betete, wurde ich innerlich in dem Gedanken bestärkt: Wir müssen diese Ereignisse* im Gedächtnis behalten und durch unser christliches Gedenken unsere Brüder vor dem Vergessensein retten. Fortan liegt im lebendigen Gedenken die Quelle der Kraft zur Treue, zur lange währenden Treue, wie sie von den christlichen Völkern verlangt wird, welche durch tödliche Prüfungen bedroht sind. In Polen und allüberall auf der Welt. Im Gedächtnis behalten heißt glauben, daß Gott „sich an seinen Bund erinnert" (Ex 2, 24).

1. Wie soll man in einer wiederum tragischen Zeit der Geschichte in Weihnachtsfreude leben können? Vielleicht erscheint vielen diese Freude unerträglich, beinahe unziemlich. Sie sind eben daran gewöhnt, in dieser Weihnachtsnacht nur

---

* Gemeint sind hier die Ereignisse im Zusammenhang mit der innenpolitischen Entwicklung in Polen, die mit der Verhängung des Kriegszustandes im Dezember 1981 ihren Höhepunkt fand (Anm. des Übers.).

eine Seite des Evangeliums zu lesen. Wir haben den Bericht über die Geburt Jesu gehört, die Ankündigung der großen Freude im Lukasevangelium. Doch müßte man die Weissagung Simeons mit hinzunehmen, der zu der Jungfrau Maria sagt: „Dieser ist dazu bestimmt, daß in Israel viele durch ihn zu Fall kommen und viele aufgerichtet werden, und er wird ein Zeichen sein, dem widersprochen wird. Dadurch sollen die Gedanken vieler Menschen offenbar werden. Dir selbst aber wird ein Schwert durch die Seele dringen" (Lk 2,34–35).

Matthäus berichtet uns zugleich vom Mysterium der Geburt Jesu und vom Massaker der unschuldigen Kinder in Betlehem. Jesus, der Messias, ist *der* Davongekommene, der vor der Gewalt des Herodes auf wunderbare Weise gerettet wird. Darin liegt eine Prophetie dessen, was Gott in seinem Sohn für das Heil der Menschen vollbringen wird.

Ich sage das nicht bloß wegen der gegenwärtigen Umstände, vielmehr gehört es zum Weihnachtsmysterium in seiner Fülle. Ich gestehe, daß die Art und Weise, wie wir Weihnachten feiern, mich jedes Jahr quält. Gewähren wir uns nicht allzu verantwortungslos einen Augenblick der Freude? Gewiß, wir haben ein Recht auf Freude. Droht aber diese leichtfertige, oberflächliche, weltliche Art der Weihnachtsfeier nicht, unserem Glauben seinen Realismus und seine Tiefe zu nehmen?

2. Da mir alle diese Gedanken durch den Kopf gingen, kommt wohl mein Gebet an diesem Weihnachtsfest dem Gebet am Karfreitag

und Karsamstag sehr nahe. Wie ich an euch dachte, flehte ich zu Gott: „Herr, du mußt mir an diesem Abend für meine Brüder, zu denen ich sprechen soll, eine weitere Einsicht geben." Und dann ist mir ein Wort eingefallen, das Jesus kurz vor seiner Passion an seine Jünger gerichtet hat: „Wenn die Frau gebären soll, ist sie bekümmert, weil ihre Stunde da ist; aber wenn sie das Kind geboren hat, denkt sie nicht mehr an ihre Not über der Freude, daß ein Mensch zur Welt gekommen ist. So seid auch ihr jetzt bekümmert, aber ich werde euch wiedersehen; dann wird euer Herz sich freuen, und niemand nimmt euch eure Freude" (Joh 16, 21–22). Dieses Wort Jesu, das unsere Geburt, unser Geborensein in Christus ankündigt, erhellt seine Geburt und wirft ein lebhaftes Licht auf unsere Geschichte.

Ja, wir haben nicht mehr das Recht, an unserer Welt zu verzweifeln, obwohl die Ungerechtigkeit und das Böse wie die unablässigen Meereswogen immer wiederkehren, um unseren Widerstand und unsere Kraft, zu lieben und zu verzeihen, zu zerfressen. Nein, diese Welt, wie Christus sie uns durch seine Geburt sehen läßt, ist im Begriff, die Liebe zu gebären, die Gott schenkt. Wir werden durch die Liebe Gottes geboren. Wir gebären die neue Welt. Der Sinn unseres Lebens und der Abfolge der Generationen liegt darin, daß, vielleicht unter Schreien und Schmerzen, die Hoffnung der Welt geboren wird. Durch dieses Gebären bekundet sich die Macht Gottes in unserer Schwäche.

3. Dieses Bild läßt uns erfassen, mit welchem Realismus Gott uns auf diese Welt blicken läßt.

Er gewährt uns die Kühnheit, das zu sehen, was den Augen der Menschen nicht ersichtlich ist, das, was der Welt Sinn gibt. So wie in der Nacht von Betlehem einige Menschen „gesehen" haben, ein paar Männer und Frauen das Kind in der Krippe erblickt haben, das in den Augen der Mächtigen so wenig bedeutete. Und doch wird in ihrem Blick uns das Licht übermittelt, das uns immer noch blendet.

Die Gottesgabe der Liebe, die Liebe, die in die Welt hineingeboren wird, bleibt verborgen. Doch uns erweist Gott die Gunst, gewährt er diese Gabe, die Himmel und Erde zum Frohlokken bringt. Wir nehmen in uns die Liebe auf, die stärker ist als der Tod, die Liebe, kraft derer dann auch wir lieben können.

In dieser Weihnachtsnacht denken wir an die Schmerzen eines Volkes, das uns teuer ist: des polnischen Volkes. Wir denken auch an alle Schmerzen der uns Nahestehenden, an die unheilbaren Leiden. Wir sollen jedoch an diesem Abend wagen, an die Macht der Liebe und an die Kraft der Freude zu glauben, die inmitten dieser Welt vorhanden ist, so wie Gott sich uns anvertraut hat, indem er uns dieses maßlose Geschenk übergab. Wir sollen die Gabe annehmen: sie ist Zeichen der Freundlichkeit Gottes, damit auch wir in diese Gnadenhaftigkeit der Liebe eintreten.

Ja, Brüder, wir wagen, die große Freude zu verkünden, die Freude des Davongekommenen, der die Pforten des Todes sprengt, die Freude des Kindes, das uns zur Liebe gebärt, die Freude derer, die wissen, daß diese Welt in Geburtswehen liegt, damit die Zeit Gottes anbreche.

Schweigen vor dem Geheimnis

Ich möchte einen jeden an der Hand nehmen und in diesem Augenblick genau an den Ort von Weihnachten führen. Ich möchte, daß wir alles, selbst die Lieder, die wir gehört haben, zum Schweigen bringen. Ich möchte, daß wir still werden und diesen Moment und diesen Augenblick mit den Augen des Glaubens betrachten. Er ist nicht nur als eine Erinnerung unserem Gedächtnis gegenwärtig. Er erhebt sich heute in dem Getriebe der Stadt, das an die Portale dieser Kathedrale brandet, als ein neues Ereignis, das uns herausfordert, uns engagiert, uns packt.

Ja, ich möchte euch an der Hand nehmen und euch vergessen lassen, daß heute die Heilige Nacht ist. Macht euch nicht von vornherein Gedanken darüber, was man an Weihnachten wissen muß. Schweigt vielmehr vor dem schweigenden Gott. Nehmt es hin, daß er euch etwas sagt, das ihr noch nie gehört habt. Schließt die Augen, um ein anderes Licht zu erblicken. Nehmt es hin, daß es euch etwas enthüllt, das ihr noch nie gesehen habt. Ihr meint, ihr wüßtet um das Geheimnis dieser Nacht, aber gebt zu, daß ihr noch nichts von dem wißt, was auf euch zukommen kann. Denn euer Leben liegt vor euch, und Gott ist das Leben. Und das Leben kommt bis zu euch. Nehmt die Gnade an, in diesem Augenblick und in diesem Moment da zu sein, wo die Liebe so nahe kommt und sich doch entzieht.

Schließlich möchte das Getriebe der Stadt diese Stätte und diesen Ort ergreifen. Die Worte der Menschen maßen sich an, diese Stätte und diesen Moment schildern zu können. Und wenn sich der Geburt Christi der Lärm bemächtigt, kommt es zu Verwirrung und Widersprüchen. Und auch zu Zweifeln und Aggressivitäten, zu spöttischem Lächeln und zum Drang zu töten. Als dieses Kind erscheint, hat bekanntlich der König Herodes, der Prophet all unserer Triebe und Zwänge, Angst, und er tötet. Was ansichtig wird, was alle Welt weiß und sieht, ist die Ermordung der unschuldigen Kinder in Betlehem, weil Herodes vor diesem Friedensfürsten Angst hat. Was die ganze Welt wahrnehmen kann, sind Schmerzensschreie, die, wie es scheint, in dieser Welt noch weiterhallen. Und es wäre ganz ungeziemend, wollten wir uns einen Augenblick unsere Ohren verstopfen, denn dieser in der Nacht lange hallende Schrei, dieses Schluchzen Rachels ertönt über die ganze Welt hin weiter.

Wir brauchen nicht aufzuzählen, was wir heute gehört haben, und auch nicht an das zu denken, was wir morgen hören werden. Wir wissen es im voraus. Was der Mensch sieht, ist das, was er tut. Was der Mensch sieht, ist das, was er abtut. Was der Mensch erblicken kann, ist das Unglück. Das Glück kommt als Gnade, es kommt überraschend. Das Glück ist die Liebe, die Gott uns entgegenbringt.

Und die Geburt Jesu, diese Gabe der Liebe,

wird im Lärm nicht bemerkt. Nur diejenigen wissen um sie, die bei der Jungfrau Maria sind, der Vorgestalt der Kirche, der Prophetie der Kirche. Alle, die um sie herum sind und ihr Schweigen, ihre Anbetung, ihre Danksagung, ihr Gebet, ihre Hoffnung, ihren Glauben teilen. Alle, die um sie herum sind und das Unsichtbare sehen, das hören, was noch kein Ohr gehört hat, sich dieser Stätte, diesem Moment nähern, wo Gott – in der Schwäche des Kindes verborgen und verhüllt – greifbar wird. Alle, die um sie herum sind und an ihrer Aufnahmebereitschaft, ihrer Liebe, ihrer Anbetung beteiligt sind.

Wer dies erfaßt, läßt sich von Gott selbst führen bis hin zu diesem Moment, wo man die Liebe als ein Geschenk empfängt. Wenn euer Leben euch in diesem Augenblick bis hierher geführt hat, dann deshalb, weil dieses Geheimnis euch betrifft, weil Gott es für euch bestimmt hat, damit ihr annehmt, daß ihr geliebt seid, und, wonötig, Vergebung erhält. Aufs neue geboren, werdet ihr in Christus zu Männern und Frauen werden, die von der Liebe und von der Vergebung zeugen. Inmitten des Lärms und des Getriebes der Welt werdet ihr dieses Rinnsal des Schweigens und des Friedens fließen lassen, ohne das die Welt verloren ist. Ihr seid Mitwisser des Geheimnisses Gottes, um es zu übermitteln. Ihr seid Mitwisser eines gefährlichen Geheimnisses, das euer Leben aufs Spiel setzt. Und ihr erhaltet zur Belohnung das Leben.

Brüder, der Herr selbst lasse in euch dieses geheimnisvolle, schweigende Wort ertönen; er schenke euch die Freude, die nie erlischt.

Wie die Hirten in der Nacht

Erinnerung – ein Sich-Zurücksehnen nach einem vergangenen, überholten Ereignis, nach einer Frohbotschaft, die schon so oft verkündet wurde, und an die wir vielleicht nicht mehr zu glauben wagen? Erinnerung – ein Sich-Zurücksehnen nach einer vergangenen Kindheit, einem unmöglichen Frieden, nach einer Unschuld, die nirgends zu finden ist? Erinnerung – ein Sich-Zurücksehnen nach einem Wort, das sich an niemand richtet, falls es sich nicht an alle richtet?

Weder als bloße Erinnerung noch als ein Sich-Zurücksehnen möchte ich allen die frohe Botschaft verkündigen, die vor zwei Jahrtausenden in Betlehem in Judäa erklungen ist: „Ein Retter ist euch geboren, ein Sohn ist euch geschenkt." Der Engel, der Gesandte Gottes, spricht, und seine Stimme durchdröhnt den Lärm dieser Welt. Das Wort Gottes ertönt im Getöse der Menschen.

Für wen, zu wem spricht es? Zu denen, die, wie die Hirten von einst, bereit sind, die überraschende Neuigkeit des Wortes Gottes entgegenzunehmen. Das Wort Gottes bevorzugt niemanden. Das Wort, das Fleisch geworden ist, nimmt nicht besondere Rücksicht auf die Mächtigen dieser Welt oder die Weisen oder die Gelehrten;

es richtet sich an alle, deren Herz rein genug, deren Elend tief genug ist, um mit offener Seele und entblößtem Herzen bereit zu sein, das Geschenk anzunehmen, das Gott ihnen machen will.

Gleichen nicht auch wir den Hirten in der Nacht? Vielleicht erinnern wir uns auch an eine Verheißung, die von fern her kommt. Die Hoffnung auf den Messias, der David versprochen worden ist, läßt unser Herz vielleicht immer noch höher schlagen, die Hoffnung auf das Heil, das Gott uns schenken will. Dann kommt es einem vor, diese Nacht sollte nie ein Ende haben. Wenn wir inmitten des Lärms der Welt nicht den Willen aufgegeben haben, auf die leise Stimme der Hoffnung zu lauschen, wenn wir, obwohl niedergeschlagen und der stets ungewissen Kämpfe überdrüssig, glauben, daß Gott dem Menschen mehr schenken kann als dieser von ihm zu erbitten wagt, wenn wir angesichts des tragischen Schicksals des Menschen an Gott nicht verzweifeln, dann ist diese gute Nachricht für uns da, diese gute Nachricht in der Nacht.

Und Gott erscheint. „Ehre sei Gott in der Höhe!"

Haben wir keine Angst; haben wir keine Angst vor Gott. Haben wir nicht Angst vor dem, der kommt, um uns zu erlösen, der der Ursprung unseres Lebens ist, der kommt, damit wir wieder das Haupt aufrichten. Haben wir keine Angst vor dem, der größer ist als wir und dessen Klarheit unsere Finsternis erhellt.

Schämen wir uns nicht unserer Nacht, unserer Schwächen und der Sünde wegen. Schämen wir uns nicht wegen eurer Entmutigung. Der, der erscheint, ist ja der Heilige und Starke, der uns liebt.

„Ehre sei Gott in der Höhe!" Klarheit, die den Blick der Gläubigen erhellt und die Nacht der Welt durchdringt; Wort, das sich im Getöse der Menschen zu Gehör bringt. „Und Friede auf Erden den Menschen seiner Gnade." Gott liebt uns wirklich!

Ja, Gott liebt uns, Gott will, daß wir leben und dieses Leben respektieren. Gott will, daß wir lieben und daß wir dieses Leben lieben. Gott will, daß wir seine Söhne und Töchter sind, um in der Heiligkeit zu leben, und daß wir in der Freude darüber leben, daß wir Kinder Gottes sind.

Ja, Gott, den wir nicht sehen, Gott, der von dieser Welt abwesend zu sein scheint, liebt uns und rettet uns. Er rettet uns, indem er uns zusammen mit seinem einzigen Sohn, der von der Jungfrau Maria geboren worden ist, zum Leben der Kinder Gottes gebiert. Dieses Kind, das unser Retter ist, ist das Zeichen unseres Heils.

Das Heil wirkt in dieser Welt weiter, es vollzieht sich in dieser Welt weiter. Das ist durchaus kein Traum. Diese Welt kann und muß gerettet werden.

Wenn wir dieses Wort Gottes gehört haben, wenn wir arm genug sind, um diesen Reichtum zu empfangen, können wir an den Menschen nicht verzweifeln, an keinem Menschen, denn der ewige Sohn ist Menschen geworden. Wir wissen, daß der Mensch gerettet werden kann, denn Gott schenkt uns den Retter. Kein Mensch mehr ist verloren, denn der Sohn kommt, um

34

nach ihm zu suchen; kein Mensch mehr ist seinem Haß ausgeliefert, denn der Sohn liebt uns bis ans Ende; kein Mensch mehr ist in seiner menschen-mörderischen Tollheit gefangen, denn um die geballte Faust, die am Zuschlagen ist, zu lösen, breitet der Sohn am Kreuz seine Arme aus. Kein Mensch mehr ist zum Geben unfähig, denn der Sohn gibt sein Leben für einen jeden. An keinem Menschen mehr ist zu verzweifeln, nicht einmal an uns selbst, denn Gott gibt uns den Beweis für seine Liebe: seinen Sohn, in dem wir zu Söhnen Gottes werden.

Möchte doch jeder gerade in dieser Heiligen Nacht ermessen, wie herrlich die Existenz ist, die wir empfangen. Unser Leben ist sehr unterschiedlich und oft uns selbst unverständlich.

Die einen sind in Leiden, in Not, über den Tod lieber Menschen betrübt. Andere lehnen sich gegen so viele Ungerechtigkeiten, so viel Haß auf oder sind deswegen ganz niedergedrückt. Andere haben Angst, haben Hunger. Wieder andere sind in ihrer Würde verletzt, von den Menschen abgeschrieben. Und nochmals andere sind völlig hoffnungslos. Wir wissen um all das.

Doch es steht in unserer Macht, in der Macht von uns, an die diese Botschaft ergeht, diesen inneren Feind, der im Herzen der Menschheit haust, zu besiegen, denn Gott hat diesen Sieg für uns, in uns errungen zugunsten unserer Brüder. Das ist „der Sieg unseres Glaubens". Haben wir doch keine Angst vor Gott, dessen Glanz sich auf Erden enthüllt, damit die Liebe, mit der er uns liebt, in dieser Welt Früchte des Friedens hervorbringt.

Brüder, der Retter ist uns geboren, der Sohn ist uns geschenkt. Seien wir damit einverstanden, daß Gott uns an der Hand nimmt; seien wir bereit, in aller Stille das Geschenk anzusehen, das uns gemacht wird. Wagen wir an die Liebe zu glauben und lassen wir uns von dieser Liebe beseelen. Verzeihen wir, lieben wir, geben wir! Haben wir keine Angst vor Gott; er schenkt uns das Leben. Amen.

Blicken auf das Kind

In dieser Heiligen Nacht müssen wir auf dieses Kind schauen, müssen wir unseren Blick auf dieses Neugeborene richten, um zu erfassen, wer Gott ist und wer der Mensch ist. Auf dieses Kind wird Pilatus dann eines Tages, bei der Passion, hinweisen und sagen: „Seht, da ist der Mensch!"

Wir wissen heutzutage nicht mehr, was der Mensch ist, weil wir nicht mehr wissen, was Gott ist. Wir wollen nicht mehr wissen, wer Mensch ist, weil wir nicht wissen wollen, wer Gott ist.

Wir wollen nicht wissen, was der Mensch ist, wenn wir einander nicht den unendlichen Respekt entgegenbringen, den wir uns schulden, weil Gott uns nach seinem Bild, ihm ähnlich erschaffen hat. Wir weigern uns, zu wissen, was der Mensch ist, wenn wir nicht imstande oder nicht willens sind, einander mit der Liebe zu lieben, mit der Gott uns liebt; wenn wir einander hassen, während Gott uns vergibt; wenn wir aufeinander herumtrampeln, um uns die Erde streitig zu machen, die Gott uns als Königen und Söhnen gegeben hat; wenn wir das Leben des Menschen geringschätzen, dem Gott *sein* Leben schenkt, denn das Leben des Menschen besteht nicht nur in diesem armseligen, hinfälligen

Fleisch, in dem das Blut pulsiert – das haben wir mit allen beseelten Wesen auf Erden gemeinsam –, sondern in unserem personalen Dasein und der einzigartigen, unersetzlichen Berufung, die uns, Wesen aus Fleisch und Blut, die nach dem Bilde Gottes, ihm ähnlich erschaffen sind, zu „Söhnen des Höchsten" (Lk 6,35) macht.

Ja, blicken wir auf das Kind, um zu wissen, was der Mensch ist. Dieses Kind ist auch ein Sohn Adams, nach dem Bild Gottes geschaffen, einer unserer Brüder. Dieses Kind ist ebenso die Wohnstätte und der Tempel des heiligen, unsichtbaren Gottes; es ist das fleischgewordene ewige Wort Gottes.

Jeder Mensch hat das Recht zu leben, denn darin, daß er das Leben von seinen Eltern erhält, hat er von Gott das Dasein als menschliche Person erhalten. Jeder Mensch ist würdig, bedingungslos geliebt zu werden, weil er von Gott in seinem einzigen Sohn unendlich geliebt wird. Jeder Mensch ist zu achten, weil Gott in seinem Sohn ihn zu retten kommt. Jeder Mensch ist der Bruder aller, weil in diesem Kind Jesus, der einzige Sohn Gottes, unser aller Bruder geworden ist. Der Mensch ist etwas Heiliges, denn er ist im menschgewordenen ewigen Sohn Gottes berufen, zum Tempel Gottes zu werden.

In diesem Kind wird uns geoffenbart, was wir sind und mit welcher Liebe Gott uns liebt. So ist Liebe keine bloße Theorie, sondern sie besteht darin, daß Gott sich in dieser Welt für uns, sein Geschöpf, einsetzt. In diesem Kind kündigt sich die Liebe als ein Kampf an, in den wir im Gefolge des Gekreuzigten mit hinein gerissen werden. In diesem Kind verheißt uns der Kampf der Liebe eine Vollendung, die uns durch den Auferstandenen geschenkt werden wird.

Ja, blicken wir auf das von Maria geborene Kind, den Sohn Adams, und wir werden auch wissen, wer Gott ist. Gott ist der, der uns nach seinem Bild ihm ähnlich geschaffen hat. Im Rätsel Mensch können wir wie in einem Spiegel den unendlichen Gott entdecken. Im Verstand des Menschen sehen wir wie in einem Spiegel den Glanz der erhabenen göttlichen Weisheit erstrahlen. In der armseligen Liebe, die in uns wohnt, können wir wie in einem Spiegel die unendliche Macht der Liebe erblicken, die uns erlöst.

Blicken wir auf *dieses* von Maria geborene Kind, den Sohn Gottes, und wir werden die göttliche Weisheit selbst sehen, die Fleisch, unser Fleisch angenommen hat. Dann werden wir die unendliche Heiligkeit des Vaters sehen, die im Sohn zutage tritt. Indem wir es betrachten, nahen wir uns dem dreimal heiligen Gott. Indem wir auf dieses Kind blicken, das zur Stillung unserer Sehnsucht und zu unserer Freude ausgeliefert wird, sehen wir die Liebe, die sich ausliefert, damit wir nicht mehr dem Bösen ausgeliefert sind; wir erhalten, entschleiert, das unendliche Mysterium Gottes, der Liebe ist. Blicken wir auf das Kind und wir werden wissen, wer der Mensch ist und wer Gott ist.

Blicken wir auf das Kind und wir werden Menschen werden und Kinder Gottes werden. Blicken wir auf das Kind und erfüllen wir unsere Sendung, wir, die wir von oben geboren sind, durch die unendliche göttliche Weisheit ins Dasein gerufen worden sind, damit der Mensch in dieser Welt wisse, daß er geliebt wird, der Mensch erfasse, daß er erlöst wird, der Mensch die Liebe annehme, die ihm geschenkt wird.

Gott bekundet seine Gegenwart in diesem heiligen Tempel, der heiligen Menschennatur des Sohnes; in dieser Menschennatur, deren Glieder wir selbst sind, in diesem von Maria geborenen heiligen Leib des Sohnes, an dem wir selbst teilhaben, damit in dieser Welt, wie auf einer Projektionswand, in der Schönheit seiner Kreatur die Schönheit Gottes erstrahle.

Möge die Fürsprache der Mutter Maria uns in dieser Weihnacht den treuen, nie versagenden Mut derer schenken, die Jesus, den Neugeborenen, empfangen und die Gnade zu ihrer eigenen Neugeburt erhalten. Möge Maria unserer Menschheit die Freude dieser Geburt von oben schenken. Möge das mütterliche Gebet Marias uns füreinander die zärtliche Liebe und die Hochachtung gewähren, deren alle Menschen bedürfen.

Christen, durch die Kraft Christi gekräftigt und vom Heiligen Geist beseelt, möge der Herr uns die Würde schenken, deren Größe uns der leidende Messias enthüllt hat. Von nun an nämlich erschallt in der Nacht der Welt der Engelsgesang: „Ehre sei Gott in der Höhe und Friede auf Erden den Menschen seiner Gnade" – zur Freude der Welt und zur Freude Gottes.

II

Das Wort ist Fleisch geworden und hat unter uns gewohnt

Im Anfang war das Wort, und das Wort war bei Gott, und das Wort war Gott. Im Anfang war es bei Gott. Alles ist durch das Wort geworden, und ohne das Wort wurde nichts, was geworden ist. In ihm war das Leben, und das Leben war das Licht der Menschen. Und das Licht leuchtet in der Finsternis, und die Finsternis hat es nicht erfaßt. Das wahre Licht, das jeden Menschen erleuchtet, kam in die Welt. Er war in der Welt, und die Welt ist durch ihn geworden, aber die Welt erkannte ihn nicht. Er kam in sein Eigentum, aber die Seinen nahmen ihn nicht auf. Allen aber, die ihn aufnahmen, gab er Macht, Kinder Gottes zu werden, allen, die an seinen Namen glauben, die nicht aus dem Blut, nicht aus dem Willen des Fleisches, nicht aus dem Willen des Mannes, sondern aus Gott geboren sind. Und das Wort ist Fleisch geworden und hat unter uns gewohnt, und wir haben seine Herrlichkeit gesehen, die Herrlichkeit des einzigen Sohnes vom Vater, voll Gnade und Wahrheit. Johannesevangelium 1, 1–5.9–14

Das uns angebotene Wort

Die Worte, mit denen das Johannesevangelium beginnt, sind von größtem Gewicht. Sie dürfen nicht zerstreut angehört werden. Wir werden sie erst dann hören, wenn wir uns durch sie treffen lassen.

Diese Worte sind von äußerster Sinndichte und sagen uns Leben und Tod aus. Sie sprechen von *unserem* Leben und können uns *unserem* Tod entreißen.

Es sind glühende Worte. Sie offenbaren uns die Liebe, die Gott *jedem* Menschen entgegenbringt. Diese Worte gelten uns, wer immer wir auch sein mögen. Hören wir auf sie!

Selbst dann, wenn wir leiden oder gar ein menschliches Wrack sind.

Selbst dann, wenn wir verzweifeln möchten, wenn wir nicht mehr wissen, woran wir glauben sollen.

Selbst dann, wenn unser Leben unklar, aussichtslos, auseinandergerissen erscheint; wenn wir von den anderen verachtet werden und vielleicht auch uns selber verachten.

Selbst dann, wenn wir an unseren Mitmenschen und an uns selbst zweifeln; selbst dann, wenn wir nicht mehr wissen, wer wir sind.

Diese Worte gelten uns, wer immer wir auch sein mögen. Nehmen wir sie auf!

Wir werden dann fähig, den zu hören, der uns geschaffen hat und uns anruft.

Wir werden als eine Gnade gewahren, daß wir geliebt sind, weil sich die Liebe bekundet und sich unter uns niederläßt.

Wir werden lernen, die Hand zu öffnen und das entgegenzunehmen, was Gott uns anbietet, denn uns wird ein maßloses Geschenk, Gnade über Gnade zuteil: Jesus Christus.

Wir werden durch die Beschämtheit über unsere Sünden nicht mehr gelähmt sein, denn die Vergebung Gottes gibt uns das Leben wieder, wenn im Sohn, der uns liebt, die Majestät des Vaters zutage tritt, den keiner je gesehen hat, dem alle Liebe entspringt.

Wir werden unser Haupt wieder aufrichten, denn unser Leben wird in der tiefsten Tiefe unseres Herzens und unserer Freiheit seinen ganzen Sinn erhalten.

Wir werden den Frieden und die Freude besitzen, die nichts auf der Welt uns nehmen kann, denn Jesus, das Wort des Lebens, ist Fleisch geworden, er, der einzige Sohn, voll Gnade und Wahrheit.

Ja, *uns* wird an Weihnachten die Gnade angeboten, zu Gott zu sagen: „Herr, ich kann also lebendig sein, denn ich gewahre mich in deinem Sohn, der das Leben ist. Herr, ich kann also lieben, denn ich gewahre mich in deiner Liebe. Herr, die Brüderlichkeit ist also möglich, denn du gibst mir in deinem Sohn einen Bruder."

Mögen die strahlenden Worte des Apostels

Johannes uns aus unseren schlimmen Beschämt-
heiten, unseren Enttäuschungen herausreißen!

Mögen diese Worte uns einen unvergleichli-
chen Mut geben, nicht den Mut des Menschen,
der sich auf seine eigene Kraft verläßt, sondern
den Mut, den man von Gott erhält und der stärker ist als alles. Als die Liebe, die stärker ist als
der Tod.

Mögen diese Worte uns den höchsten Mut
geben: den, zu lieben, wahrhaft, umsonst,
selbstlos die Menschen zu lieben, die Gott uns
allen und einem jeden gibt, und die vielleicht für
uns alle das bis dahin noch unbekannte Antlitz
des Gottes sind, der unter uns weilt.

Zeichen des Lichts
in der Finsternis

1. Will uns der Evangelist Johannes nicht an einen Punkt ziehen, an den sich der Mensch unmöglich versetzen kann? Um uns die Frohbotschaft zu verkünden, schreibt er die erste Seite der Bibel, den Schöpfungsbericht, aufs neue und zeigt uns alle Dinge aus der Sicht Gottes, die für den Menschen unzugänglich ist.

Welcher Mensch vermöchte denn zu erfassen, was es um diesen „Anfang" ist, wo der Logos, das Wort Gottes war? Wie soll man sagen: „Im Anfang war das Wort, und das Wort war Gott", ohne uns vor den Anfang und außerhalb des Wortes zu versetzen, um die Welt und Gott und dessen Liebe und Seinsfülle zu beschreiben? Steht uns denn Gott vor Augen wie ein Wesen dieser Welt, das unter unseren Blick fällt und dessen Entstehung und Ende wir schildern könnten?

Und doch versuchen wir zumeist auf diesem Weg, in diesen Worten eine Erklärung für die Welt zu finden. Wir möchten die Wahrheit, die uns heute gegeben wird, in unseren Händen halten. Da sie sich als eine allgemein gültige Wahrheit ausgibt, als „Licht, das jeden Menschen erleuchtet, der auf diese Welt kommt", als Gnade, Friede, Versöhnung für jeden Menschen, der auf diese Welt kommt, muß doch jeder Mensch sich ihrer bemächtigen können. Wir möchten diese Wahrheit besitzen, so wie der Mensch ein Werkzeug besitzt, dessen Handhabung er meistert. Wir möchten Gott von Anfang an zuhanden haben.

Doch wir wissen, daß dies unmöglich ist. Wir haben keinen Zugang zu diesem Beginn. Gott entgeht uns. Der gleiche Evangelist sagt uns dies, indem er seine Vision durch den folgenden Satz weiterführt: „Niemand hat Gott je gesehen. Der einzige Sohn, der am Herzen des Vaters ruht, hat Kunde von ihm gebracht."

2. Der Evangelist Johannes bietet uns also keine Geschichte Gottes und der Welt, die wir bloß zu verstehen bräuchten, um ihrer habhaft zu werden. Er demontiert nicht vor unseren Augen den Mechanismus der Welt. Gott liegt nicht, in Stücke zerlegt, in unseren Händen. Die Gnade und die Wahrheit, die Jesus Christus uns geschenkt hat, lassen sich nicht auf diese Weise erfassen. Wie werden uns diese Gnade und Wahrheit geschenkt? Wie können wir dieses Wort eines glaubenden Menschen verstehen, der über den Ursprung aller Dinge nachsinnt?

Er selbst sagt es uns. Wenn er so auf diesen Ursprung aller Ursprünge, auf diesen Überhang zurückgehen kann, auf den sich der Evangelist gewissermaßen oberhalb Gottes zu versetzen scheint, dann darum, weil Johannes, der Jünger Jesu, zunächst zur Erkenntnis bereit war, daß Gott sich unter den Menschen gestellt hat. Er ist Jesus, dem menschgewordenen Wort Gottes, den Johannes der Täufer als „das Lamm Gottes" bezeichnet hatte, bis in den Tod gefolgt. Dem, von dem der Prophet Jesaja sagt: „Er hat unsere Krankheit getragen und unsere Schmerzen auf sich geladen... Er wurde wegen unserer Sünden zermalmt" (Jes 53,4–5). Das Wort Gottes, der Sohn Gottes, hat die Last des Fleisches des Menschen, die Last der Sünde des Menschen, die Last aller Menschen auf sich geladen, um diese dem Abgrund zu entreißen.

Gott selbst bietet sich dar nicht als ein an unseren Horizont projiziertes Schauspiel, sondern als eine für uns unvorstellbare Liebe, die uns da packt, wo wir Gott nie suchen würden. Denn es gibt einen Ort, von dem der Mensch Gott ausschließen möchte. Dieser Ort ist der Tod, der Fluch, die Schmach, die Verachtung, die Sünde, ein uns vertrauter Ort. Von diesem Ort scheint uns Gott abwesend. Und von da her schleudern wir ihm unablässig unsere Herausforderungen entgegen: „Gott kann hier nicht existieren. Wenn er die Scheußlichkeit des Bösen toleriert, dann deshalb, weil er nicht allmächtig ist. Wenn Gott doch Liebe ist, warum gibt es dann auf dieser Welt soviel Haß? Kann denn Gott ihn nicht vertilgen?"

Die Verachtung des Menschen, das Leiden des Menschen, die Niederlage des Menschen ist der Ort, an dem wir uns niederlassen, um Gott zu leugnen, um Gott herauszufordern, indem wir ihn leugnen. Wenn das Wort Gottes Fleisch wird und in diese Welt kommt, versetzt es sich unter die Last dieses Einwandes des Menschen, dieses tödlichen Einwandes, denn er bringt dem menschgewordenen Wort den Tod; er ist die

„Finsternis", in die sich das Licht einsenkt. Doch „die Finsternis hat es nicht erfaßt".

Das Licht, welches das Leben und die Liebesfülle Gottes ist, bekundet sich nämlich in dieser Welt gerade an dem Punkt, wo der Mensch es zurückweist, am Punkt seines Fluches, seiner Verzweiflung – als eine Geburt. Es ist eine schmerzliche Geburt, eine widersprüchliche Geburt, voller Hoffnungen und Träume, doch schon von allen Grausamkeiten gezeichnet. „Er kam zu den Seinen, aber die Seinen nahmen ihn nicht auf." Zu den Seinen gehören wir. Das wird uns gesagt, nicht um uns zu bedrücken und mit Schuldgefühlen zu belasten, sondern damit gerade aus unserer Zurückweisung der Erweis des Lichtes und der Wahrheit hervorgehe.

3. Und wenn dem Menschen Licht und Leben in Form einer Geburt geschenkt werden, dann wird in dieses Leben das den Menschen angebotene Leben Gottes hineingeboren, und auch wir selbst werden geboren. „Allen aber, die ihn aufnahmen, gab er Macht, Kinder Gottes zu werden, allen, die an seinen Namen glauben, die nicht aus dem Blut, nicht aus dem Willen des Fleisches, nicht aus dem Willen des Mannes, sondern aus Gott geboren sind."

Dadurch also, daß wir an den Ursprung unserer Geburt zurückgehen, wird uns geschenkt, daß wir aus Gnade zu dieser Geburt des Lichts gelangen und darin, daß uns so der Sohn geschenkt wird, in ihm den unzugänglichen Standpunkt entdecken können: die Liebe Gottes.

Wir können uns nicht oberhalb Gottes versetzen, um ihn zu beschauen; wir können nur aus

Gnade aus ihm geboren werden, um vom Sohn die Offenbarung seines Vaters zu empfangen.

Wir können den Menschen Gott nicht als eine Marktware mitteilen, als eine Wahrheit, die dem Menschen und seinen Geschäften unterliegt; wir können nur unsere Geburt bezeugen, in der sich die Macht des Heiligen Geistes bekundet, und auf dieser Welt die Macht Gottes, unseres Vaters, wahrnehmen, der noch weitere Söhne zur Liebe erstehen läßt, indem er uns seinen einzigen Sohn schenkt.

Wir können bloß den, der uns an diesem Tag geschenkt wird, das menschgewordene Wort, Jesus Christus, als Gnade und Wahrheit wahrnehmen. Und in Christus können wir die ganze Schöpfung schauen, die souveräne Initiative Gottes, in der sich die im Anfang gegebene Fülle ausfaltet.

Als Jünger Jesu sind wir also berufen, in dieser Welt fortdauernd Zeugen des Ursprungs und Propheten der Vollendung zu sein. Unablässig sollen wir das Licht entgegennehmen, das nur dazu empfangen wird, um in dieser Welt das Zeichen des Lichtes in der Finsternis zu sein, ein Zeichen, das erst in dem Moment wahrgenommen wird, wo es zurückgewiesen zu werden scheint.

Darum werden wir in dieser Zeit nie die Genugtuung erleben, recht zu haben. Es genügt uns, die Gnade der Vergebung und des Lebens zu erhalten und von dem, was uns als eine Gnade geschenkt wird, Zeugnis zu geben.

„Niemand hat Gott je gesehen"

1. „Niemand hat Gott je gesehen." Will sich der Menschengeist ernsthaft mit Gott befassen, so kann er ihn nur als den Unbegreiflichen denken. Denn Gott geht absolut über jedes menschliche Denken hinaus, dessen Ursprung er ist. Gott läßt sich nicht begreifen, denn der Mensch kommt von ihm. Wir können nicht im Willen, uns des Ursprungs unseres Daseins zu bemächtigen, darauf ausgehen, Gott zu sehen, sonst würden wir unser Erschaffensein in Frage stellen.

Erinnern wir uns an das, was Gott zu Mose gesagt hat: „Du kannst mein Angesicht nicht sehen; denn kein Mensch kann mich sehen und am Leben bleiben" (Ex 33,20). Und der menschliche Geist schwankt zwischen Zweifel und Anbetung, fasziniert von der göttlichen Überfülle, die er nicht entdecken kann, außer er nimmt sich selbst von ihr entgegen.

Und doch legt der christliche Glaube am Weihnachtsfest dem Gläubigen die paradoxeste Aussage vor: Gott, das unergründliche Mysterium, an dem der menschliche Geist scheitert, Gott, den der Mensch nur dann denken kann, wenn er sich aller seiner Idole entledigt, sämtliche Bilder und Gestalten des Absoluten zurück-

weist, Gott liefert sich in seinem menschgewordenen Sohn aus; in diesem Kind, das in Betlehem in Judäa von der Jungfrau Maria geboren
wird als Davidssohn, Abrahamssohn, Adams-
sohn, geboren in einer Nacht unserer Geschichte; in diesem bestimmten Menschen unter
den Milliarden von Menschen.

2. Dieses Paradox führt uns bis ans Ende des
Mysteriums. Die Liebe ist ja niemals unbestimmt;
die Liebe, die von Gott kommt, sagt sich, drückt
sich in diesem bestimmten Menschen aus. Gott
liebt nicht die Menschheit, sondern jeden einzelnen Menschen. Gott liefert sich in Jesus aus und
vereint in der Person des einzigen Sohnes die göttliche mit der menschlichen Natur. Die Liebe Gottes wird so zu etwas Konkretem, Einmaligem. In
diesem Menschen Jesus, der vor zweitausend Jahren in Betlehem in Judäa zur Welt kam, vermählt
sich die Liebe Gottes mit der brüchigen, tragischen Situation des Menschen.

Die Menschheit als allgemeine Idee hat keine
Geschichte. Es ist leicht, von der Menschheit zu
sprechen. Tragisch aber ist es, von diesem Kind,
dem erhofften und erwarteten Messias zu sprechen, der von der Jungfrau geboren worden ist;
von ihm, der mit fleischlichen Lippen das Wort
Gottes aussagt, seinen Leib aus Fleisch und Blut
dem Haß und der Sünde der Menschen zur Ver-
wundung aussetzt, seinen Leib den Quälereien
der Soldaten darbietet, sein Leben der Finsternis
des Todes ausliefert, der in das dann versiegelte
Grab versenkt und durch die Macht des Vaters
und die Kraft des Heiligen Geistes vom Tode
auferweckt wird.

3. Indem sie sich so in Jesus, diesem Kind, ausliefert, erfaßt uns die Liebe Gottes in der Einmaligkeit unseres Daseins und wird Gottes Liebe glaubwürdig. In der Einmaligkeit dieses Sohnes, eines Menschen unter Milliarden von Menschen, wird uns nämlich geoffenbart, wie sehr Gott einen jeden Menschen liebt. In diesem einzigen Sohn – der einzig ist, weil in seiner Gottheit ewig; einzig, weil es nur einen einzigen Jesus gibt, der in einem bestimmten Zeitpunkt unserer Geschichte in Betlehem in Judäa geboren wird; einzig als Sohn Marias; einmalig und hinfällig wie jeder Mensch, wie irgendein Mensch – offenbart uns Gott, wie er jeden von uns in unserer einzigartigen, hinfälligen Einmaligkeit liebt. Das Antlitz der Liebe, die Natur unserer Beziehung zu Gott werden so enthüllt, damit jeder in der Einmaligkeit seines Lebens seinerseits Kind Gottes werde.

4. Wie Johannes uns sagt, „ist das ewige Wort Fleisch geworden". Es kommt in der Geburt eines Menschen zur Welt. Es bietet so jedem Menschen die Möglichkeit, sein Bruder, seine Schwester zu werden, von oben her von neuem geboren zu werden (Joh 3,3) und seinerseits mit der gleichen Liebe geliebt zu werden, mit der der Vater seinen einzigen Sohn liebt. Darin besteht das Weihnachtsmysterium. Mitsamt der Tragik und den Schwächen unseres Lebens, unseren Sünden und unserem Elend werden wir – jeder einzelne – durch die einzigartige Liebe des Vaters auf unerhörte, unvergleichliche Weise geliebt.

Und wenn wir zu einem einzigen Leib, zum

Leibe Christi versammelt werden, werden wir nicht zu einer anonymen, antlitzlosen Masse, zu der sich das Menschsein eines jeden verschmelzen würde, um zu einem ungreifbaren Ganzen zu werden. Vielmehr umfängt uns ein Mysterium der Gemeinschaft, in der wir mit Christus ganz eins sind und jeder von uns mit der gleichen einmaligen Liebe geliebt wird, mit der der Vater seinen Sohn liebt. In Christus steht jeder von uns dem Vater gegenüber. In Christus wird jeder von uns vom Vater geliebt und empfängt den Heiligen Geist. Weil wir alle in dieser einzigartigen Beziehung zum Sohn stehen, werden wir so zu einem einzigen Leib versammelt.

Und aus dem gleichen Grund bilden wir in der Geschichte der Menschen das Unterpfand und Zeichen für die Sammlung und Gemeinschaft der neuen Menschheit. Wir glauben an die Liebe, weil sich die Liebe im einzigen Sohn ausliefert und weil die Liebe einen jeden von uns erreicht und uns alle zusammenführt.

5. An diesem Weihnachtsmorgen fühlen wir das Tragische der Ereignisse* mit, die eine Schwesterkirche treffen. Dies vermehrt und vermindert nicht das gewohnte Tragische der Geschichte. Der Tod ist heute weder schlimmer noch milder als er es im Lauf der Geschichte gewesen ist. Die Menschen hier sind weder schlimmer noch besser als anderswo. Unablässig kommen in der Menschheit die Weigerung, zu lieben, die Angst vor der Hingabe auf. Unablässig schirmt sich der Mensch vor dem unsicht-

---

* Vgl. Anmerkung auf Seite 25.

baren Glanz ab, zu dem er geschaffen ist. Unablässig weicht der Mensch vor dem Leben zurück und zieht den Tod vor.

In dieser Weihnachtszeit wird uns in Erinnerung gerufen, zu welchem Leben wir wiedergeboren worden sind: zum ewigen Leben, zum göttlichen Leben, das stärker ist als der Tod kraft der Macht Christi, unseres Bruders, in dem wir geliebt sind und durch den wir zu Zeugen der Liebe werden.

Wir sollen Zeugen der Freude sein. Nicht, weil sie von uns käme, denn unser Herz ist ja vielleicht von Traurigkeit erfüllt. Wir sollen Zeugen der Freude sein, weil Gott sie uns schenkt. Wenn wir in dieser Welt und im jetzigen Zeitpunkt die Freude zu bejahen wagen, so darum, weil wir annehmen, was Gott uns geben will. Nehmen wir es an, im Sohn gerettet zu werden. Haben wir keine Angst vor dem Tod, keine Angst vor der Liebe, keine Angst vor dem Leben. Wagen wir nach Gottes Sinn zu leben und zu lieben, wir, die der Vater zu seinen Kindern, zu Söhnen und Töchtern Gottes will.

Im Kind
das Wort Gottes erkennen

Was uns nottut, ist Geborgenheit. Wenn das Weihnachtsfest soviel Sehnsucht, Zärtlichkeit und bewegende Rührung in uns weckt, so weil es uns die gefährdete Gestalt der Kindheit vor Augen stellt. An ihr erblicken wir so vieles gleichzeitig: Schönheit, Unschuld, Schwäche des Daseins, den erforderten Schutz, die Liebe, die sie von uns allen erbittet.

Und eigentlich sehen wir in dieser Kindheit uns selber und sind angesichts dieser unschuldigen Gestalt über uns selber gerührt. Als wäre uns insgeheim die Sicherheit des Kindes zurückgegeben, das sich in der Liebe von Vater und Mutter geborgen fühlt. Als könnten wir uns einen Augenblick in der Illusion wiegen, nochmals kleine Kinder zu sein in der Schutzhülle der Ursprungsliebe.

Wenn uns die Welt zuweilen allzu hart vorkommt, so deshalb, weil der Gegensatz zwischen dieser Sehnsucht in uns und der Wirklichkeit allzu groß ist. Wir möchten gern, daß die Welt wie die Liebe einer Mutter zu ihrem kleinen Kind wäre. Wir möchten fühlen, wie Gott uns einhüllt, nach dem Schriftwort, getragen wie ein Säugling von seinen Eltern. Das ist es, was wir gerne möchten.

Und dann sind wir erstaunt, daß die Welt nicht so ist. Und wenn am Weihnachtstag eine kleine Träne herabrollt, dann deshalb, weil wir eine Nacht oder eine Stunde lang träumten, es könnte so sein. Während in Wirklichkeit die Welt hart und unerbittlich bleibt, während wir keine Säuglinge mehr sind. Und auch diese hören eines Tages auf, es zu sein, denn in der Welt muß man wachsen. Großwerden aber heißt, seine Einsamkeit auf sich nehmen, der Welt ihre schlechte Verfassung lassen, sich damit abfinden, daß unsere Träume nicht die Wirklichkeit sind. Und trotzdem recht leben, wozu man lebt.

Aber ist es wirklich ein kindlicher Traum, der uns in diesem den Menschen ausgelieferten Kind vor Augen gestellt wird? Ist es ein kindlicher Traum, eine vermeintliche Sicherheit, was uns Johannes im Prolog zu seinem Evangelium schildert?

Wenn wir in diesem Kind das Wort Gottes erkennen, das gekommen ist, um unter uns zu wohnen, entspricht das dann einem vergänglichen Traum, oder sind wir nicht vielmehr vor die unerhörteste Tatsache gestellt, daß hier Gott zugegen ist, den nie jemand gesehen hat?

Gott, dessen Unerkennbarkeit wir hinnehmen müssen, von dem wir nichts seiner Würdiges aussagen können, angesichts dessen der Mensch bekennt: „Ich kann mir keine Vorstellung von Gott machen, ich bringe es nicht fertig, seiner so sicher zu sein wie eines mathematischen Satzes oder einer bewiesenen Tatsache." Und er hat recht: denn Gott ist nicht das Ergebnis einer kraftvollen inneren Sicherheit. Gott läßt sich nicht jeden Morgen verifizieren wie man auf seine Uhr schaut oder den Rundfunkknopf dreht. Gott erscheint nicht, wenn man ihm pfeift. Man erblickt Gott nicht wie ein Stück geschnitztes Holz in der Kirche oder die Photographie des Großvaters auf dem Kaminsims. Gott, wir wissen nicht, wer er ist. Wüßten wir's, so wäre er nicht Gott.

Denn Gott ist größer als wir und alles von uns Erdenkbare, und wir können von seiner Existenz nicht so reden wie von der eines weltlichen Wesens. Gott ist oberhalb unser selbst wie ein gähnender Abgrund. Und wer in Gottes Geheimnis hineinblicken will, streift oft die Abgründe oder den Unglauben, und zwischen dem tiefsten Zweifel und dem hingegebensten Glauben sind oft unmerkliche Übergänge; das eine schillert ins andere hinüber.

Freilich: dies Abenteuer, angesichts eines Abgrunds zu stehen, worin Gottes Unermeßlichkeit uns als unfaßbar fasziniert, ist als solches nicht die Gottlosigkeit des sich Verweigernden, sich Verschließenden, dessen, der Gott mit den eigenen Kräften gleichsetzt; erst dieser wäre Götzendiener und Atheist.

Der Mensch dagegen, den das Mysterium Gottes erschreckt und verwirrt, ist vielleicht eben der, der zu glauben beginnt. Wer vor diesem Geheimnis nicht mehr weiß, was denken, wer zurückbebt, vielleicht nicht mehr hinzublikken sich traut, sich im Herzen nicht vorstellen kann, daß der Unfaßliche sich um ihn zu kümmern, ja ihn zu lieben vermag: der tut vielleicht die ersten Schritte eines Glaubenden, den der Geist Gottes erzieht und drängt.

Der größer ist als wir, als all unsere Verneinungen und unsere Zweifel, größer als alle unsere Hoffnungen, unsere Schreie und Lästerungen, größer als jedes Bild, das wir uns von ihm machen können, der, dem wir vorwerfen könnten, zu existieren, weil unsere eigenen Existenzen uns oft nicht wie ein Geschenk, ein schönes Geschenk vorkommen, dem wir sagen könnten: „Du bist weit weg und du läßt uns allein. Was fängst du an mit dem Menschen, den du geschaffen?": eben der liefert sich uns heute aus, indem er unsere Schwachheit auf sich nimmt. Er liefert sich aus, indem er wir selber wird. Unausdenkbares Geheimnis und Geschenk, das uns, den Jüngern Christi, in Verschwiegenheit anvertraut wird.

Wer aber sagt, Gott werde im Geheimnis eines kleinen Kindes zugänglich, der sagt zugleich, daß er dabei noch viel unsichtbarer, unglaubhafter, unfaßlicher wird. Wer schon einen Säugling auf den Armen gehalten hat, weiß, daß er noch ein Fast-Nichts ist. Zu behaupten, dieser Säugling – und wenn man sich Jesus als Säugling denkt, so sieht er gleich aus wie jeder andere Säugling der Welt –, zu glauben wagen, Gott selber liefere sich in dieser gefährdeten Gestalt aus, das ist fast noch unglaubhafter, noch weniger ersichtlich als jede andere Gottesvorstellung.

Gerade dort, wo Gott sich uns übergibt, wird uns das erhaltene Geschenkt noch unbegreiflicher. Wenn die Liebe uns wirklich erreicht, wird sie zum Unfaßbaren. Wenn sie uns nahekommt, hätten wir Lust, zurückzuweichen: „Das kann doch nicht wahr sein."

Vielleicht besagt dies, daß wir uns einem unseren Geist und unser Dasein so verwirrendem, bestürzendem Geheimnis nicht anders annähern können, als indem wir selber verändert werden. Wenn Gott sich in unsere Hände legt wie ein passives Kind in die seiner Eltern – diese Aussage ist keineswegs lästerlich –, dann heißt dies, daß der unausdenkbare Gott uns nicht mehr wie ein Anderer gegenübersteht, sondern daß der uns Überragende sich uns in der Gestalt eines Bruders anvertraut. Und unsern Bruder können wir nicht anders entdecken, als indem wir selber sein Bruder werden. Daß jemand uns liebt, entdecken wir nur, indem wir willens sind, ihn zu lieben. Wir können das Geheimnis Gottes in diesem uns ausgelieferten Kind nur erkennen, wenn wir unsererseits einwilligen, uns ihm auszuliefern.

Wir stehen hier vor der grundlegendsten Frage unseres Lebens, dem schwierigsten und doch einfachsten Rätsel, der größten und tiefsten Freude, die aber etwas Zerbrechliches behält, die vergraben ist im Mittelpunkt unserer Existenz, die uns aber immerfort anruft, in einer Neugeburt uns ihr zu erschließen.

Also kein Traumerlebnis, in dem wir wieder zum kleinen Kind würden, sondern im Gegenteil der tiefstwirkliche Augenblick unseres ganzen Daseins. Wie das Kind aus Maria geboren wird, so sollen auch wir von oben geboren werden, zur Welt kommen durch Gottes Liebe, uns von ihm in Empfang nehmen und ihn selber empfangen. Gezeugt, empfangen und geboren werden aus der Macht von oben.

„Das Wort war das wahre Licht, das jeden Menschen erleuchtet, der in diese Welt kommt. Er kam zu den Seinen, aber die Seinen nahmen ihn nicht auf. All denen aber, die ihn aufnahmen, die an seinen Namen glauben, gab er die Macht, Kinder Gottes zu werden. Nicht aus Fleisch und Blut, nicht nach einem fleischlichen, eines Mannes Willen sind sie geboren, sondern aus Gott. Und das Wort ist Fleisch geworden und hat unter uns gewohnt, und wir haben seine Herrlichkeit gesehen, die Herrlichkeit, die er von seinem Vater erhalten hat, als der einzige Sohn, voll von Gnade und Wahrheit."

Zugang zum
unsichtbaren Vater

1. Die Frage nach Gott wohnt dem eingeschläferten Gewissen der Völker des Westens weiterhin inne. Von Zeit zu Zeit scheint sie am Horizont zu verschwinden, aber dann geht sie von neuem mit aller Kraft auf. Doch so, wie wir sie zu stellen gedenken, so, wie wir sie stellen, scheint diese Frage zu den gegenstandslosen Fragen zu gehören, bloß in den Nebeln der Einbildung herumzuschwimmen oder die Ängste derer zum Ausdruck zu bringen, die ihr Leben nicht in die Hand zu nehmen wissen.

Viele werden ganz praktisch sagen: „Ich kümmere mich um diese Frage nicht, denn ich kann ganz gut ohne Antwort darauf leben." Die Feststellung, wie wir uns zur „Gottesfrage", zum „Gottesproblem", wie wir sagen, stellen, bildet ein untrügliches Anzeichen für den Stand unserer Gesellschaften. Dieses Anzeichen läßt erahnen, wie weit unsere Kultur krank ist, wie weit wir selbst von dieser Krankheit befallen sind, wie weit wir vielleicht nicht mehr sehen, wer wir sind, was unsere Schicksalsbestimmung und was der Mensch ist.

Ja, es stimmt, der Mensch hat stets von etwas Absolutem geträumt; der Mensch ist stets vom Sakralen fasziniert gewesen, und die Trennung davon durchzieht die Geschichte. Es stimmt, der Mensch hat stets von etwas Größerem, als er selbst ist, geträumt und hat versucht, dessen Züge zu zeichnen, indem er sie nach seinem eigenen Bilde gedacht hat. Es stimmt, daß der Mensch von den Göttern, die aus den Tiefen seines Herzens aufsteigen, stets wie geblendet war.

Doch in diesen letzten Zeiten, in unseren Zeiten, in dieser Geschichte, in der das Wort Gottes ein Volk hervorgerufen hat, das dazu herangebildet und berufen wird, um die Offenbarung Gottes entgegenzunehmen, hat Gott sich dem Menschen ausgeliefert, um sich den Menschen zu erkennen zu geben. Gott ist Mensch geworden, damit die Menschen Gott kennen.

Wer ist Gott, dieses Rätsel und diese Faszination? Wer ist der, den wir nicht zu benennen wissen, der, von dem wir behaupten, wir könnten auch ohne ihn auskommen?

Das Mysterium Gottes, das über alles hinausgeht, liegt darin: Er hat uns als Erster geliebt in einer ungeheuren Liebe. Gott macht sich unser Menschsein zu eigen, unterwirft sich der Prüfung unserer Gleichgültigkeit, will uns in unserer Verlorenheit wieder finden. „Das Wort Gottes ist Fleisch geworden und hat unter uns gewohnt." Uns gleichförmig, ist er einer der unseren. Gott spricht die Sprache des Menschen. Gott nimmt das Fleisch des Menschen an. Gott antwortet auf alle unsere Fragen nach Gott auf die Weise, daß er alle Fragen des Menschen auf sich nimmt.

Weshalb das Böse? Das Wort Gottes nimmt das Böse des Menschen auf sich, in sich. Weshalb der Tod? Das Wort Gottes nimmt in seinem sterblichen Fleisch den Tod hin, den wir verabreichen. Weshalb das Leiden? Das ewige Wort Gottes nimmt unsere Leiden auf sich und sie werden zu seinen Leiden. Weshalb die Einsamkeit, der Verfall und der Tod? Er ist in unsere Einsamkeit gekommen und in die Abgründe des Todes hinabgestiegen. Gott spricht unsere Sprache, nimmt unser Fleisch an. Und sein menschgewordenes Wort erträgt all unsere Fragen, erträgt die Frage der Fragen.

„Das Wort ist ganz nah bei dir, es ist in deinem Mund und in deinem Herzen, du kannst es halten" (Dtn 30, 4). Mehr als nahe: in uns, unter uns, von uns geboren. Und dies ist die höchste Form der Liebe Gottes zu uns: Durch seinen Sohn nähert er sich uns und ergreift uns in unserer Einsamkeit, mag sie in unseren Augen noch so trostlos sein. Er tröstet uns in unserer Trostlosigkeit, mag sie auch dem verzweifelten Menschen, der keinen Weg vor sich sieht, heillos erscheinen. Das Licht dringt in die Finsternis und läßt sich sehen, will sich ansichtig machen.

Wenn das Wort Gottes Fleisch wird und unter uns zu wohnen kommt, können wir diese Sprache Gottes nur unter einer Bedingung vernehmen und hören: Wir müssen bereit sein, dem zu folgen, der uns gleichförmig geworden ist, dem fleischgewordenen Wort, dem menschgewordenen Gottessohn, dem Messias, Jesus, dem Christus.

Um Gott zu kennen, müssen wir diesem Menschen folgen, der von der Jungfrau Maria in Betlehem in Judäa geboren worden ist. Wir müssen

ihm nachgehen, dem Weg folgen, den er ein-
schlägt, das tun, was er tut, mit ihm bis ans Ende
der Liebe gehen, die Gott uns entgegenbringt,
damit wir sie ihm erwidern. Man kann Gott
nicht abschütteln wie ein Problem, von dem man
sagen könnte: „Ich habe die Lösung dafür" oder:
„Es ist nicht zu lösen", und an das man dann
nicht mehr denkt. Gott liebt uns, macht uns lebendig, erfaßt uns.

Um Gott zu kennen, müssen wir unsererseits
bereit sein, zu lieben, bereit sein, so zu leben,
wie der ewige Sohn das Menschsein lebt. Gott
kennt unser Dasein und macht es sich zu eigen,
indem er sich uns ausliefert. Wir werden Gott
dann kennen, wenn wir bereit sind, Christus auf
dem Weg zu folgen, auf dem er uns die Liebe
seines Vaters erschließt, dann wenn wir mit
Christus vereint, eines Wesens mit ihm sind.

Das Gottesproblem lösen, auf den Zweifel
antworten heißt bereit sein, Christus zu folgen.

Glauben heißt nicht, sich selber eine Gewißheit aufzwingen wollen, auf die man sich dann
stützen kann. Glauben heißt bereit sein, in unseren Zweifeln uns von Gott erfassen zu lassen
und Christus in seine Liebe folgen, um von ihm
das für den vielgeliebten Sohn bestimmte Geschenk zu empfangen, das er seinen Brüdern
mitteilt.

Gott offenbart sich durch sein menschgewordenes Wort, durch seinen ewigen Sohn, der von
der Jungfrau Maria geboren worden ist. Dieser
geschichtlich situierte Offenbarungsakt ist
gleichzeitig die Erlösung des Menschen in diesem fleischgewordenen Sohn und durch ihn.

Wir stehen im Gegensatz zu der Gnosis, die einzig auf dem Register der spekulativen Erkenntnis spielt: der erschaffene Geist habe zum Wissen über Gott, zum verborgenen göttlichen Wissen von sich aus Zugang. In der Offenbarung hingegen vollzieht sich ein Engagement Gottes. Die Offenbarung des Vaters durch den menschgewordenen Sohn vollendet sich darin, daß der Sohn bis hinein in seine Passion und Auferstehung den Willen des Vaters erfüllt. Sie findet ihren Abschluß in der Gabe des Heiligen Geistes.

Um diese Offenbarung entgegenzunehmen, müssen diejenigen, die der Geist beruft und heiligt, umgestaltet und dem Sohn gleichförmig werden, mit dem Sohn eine Einheit bilden, zu dem werden, was er ist. In dieser Gemeinschaft erhalten sie Zugang zum ewigen Vater, zur Erkenntnis Gottes. Dies ist die Christusdimension des Glaubens, in der zugleich das Heil des Glaubenden und seine Teilhabe an dem in Christus gewirkten Heilswerk liegt.

Christus ist also der, in dem der Vater sich aussagt, und der, in dem der sündige Mensch zum Vater Zugang hat. Die Ausfaltung der Heilsökonomie ist gleichzeitig die Offenbarung des Vaters im Sohn durch den Geist. Und der Weg des Glaubens ist der: Der Geist ändert das Herz des Erwählten, gibt ihm den Glauben an Christus, mit dem er ihn vereint; in Christus hat der Glaubende Zugang zum unsichtbaren Vater.

Die Bindung Gottes an den Menschen offenbart in der Geburt des Sohnes den Glanz des Schöpfers und seines Geschöpfes, damit sich der

Mensch unwiderruflich an Gott bindet. Gott ist ja sein Leben, der Sohn gibt ihm seinen Frieden. Und der Heilige Geist ist der unversiegliche Quell seiner Freude.

Die Macht,
Kinder Gottes zu werden

Mit dem Apostel Johannes glauben wir fest daran, daß dieses von der Jungfrau Maria geborene Kind das ewige Wort Gottes ist, das Licht, das aus dem Licht geboren ist. Wir glauben es, und gleichzeitig ermessen wir, daß darin eine paradoxe, unerträgliche Herausforderung für unseren Glauben liegt. Wie kann denn der Absolute, Ewige, Allmächtige dermaßen am Menschsein teilhaben, sich in es einlassen und in es einschließen? Und wenn unsere Gedanken an diesem Mysterium scheitern, kommen uns Worte in den Sinn und auf die Lippen, die versucht sind, von der Schwäche Gottes, der Ohnmacht Gottes, der Begrenztheit Gottes zu sprechen. Wir sehen, diese Worte sind beinahe blasphemisch.

Soll denn das Wort Gottes, der ewige Sohn Gottes Mensch geworden sein, um sich in dieses Menschsein zutiefst einzusenken? In ein Menschsein, das in den Augen vieler in Schwäche, Unwissenheit, Sünde, Tod hineinverloren ist... An diesem Weihnachtsmorgen, an diesem Jahresende 1984, da wir bald ein neues Jahr beginnen, können wir wirklich nicht in großem Stolz auf unsere Menschheit blicken angesichts so vieler Dramen, Erniedrigungen, enttäuschter

Hoffnungen, Aggressionen, Abscheulichkeiten aller Art. Und das macht es uns noch schwieriger, daran zu glauben, daß Gott Mensch geworden ist. Wozu ist er denn zu uns gekommen?

Wenn Gott Mensch geworden ist, dann dazu, um uns zu retten. Gott ist unter den Menschen zugegen, sein Sohn ist das Unterpfand für das Heil der Menschen. Er, der im Schoß der Jungfrau Maria empfangen worden ist und in die Abgründe des Todes tauchen wird, ist auch der, der aus der Erde, in der er begraben worden war, erstanden ist, so, wie er aus diesem jungfräulichen Leib geboren worden war. Er ist der, dessen Grab sich geöffnet hat, denn der Vater hat ihn, unseren Bruder, ihn, unseren Retter, zu sich erhoben.

Das Heil, das er uns geschenkt hat, läßt uns über eine unerhörte Macht verfügen, die für uns schwer begreiflich ist. Über „die Macht", wie der Apostel Johannes uns sagt, „Kinder Gottes zu werden." Diese Macht wird uns gegeben, die wir an ihn glauben, uns, die wir so „nicht aus dem Blut, nicht aus dem Willen des Fleisches, nicht aus dem Willen des Mannes, sondern aus Gott geboren sind." Indem wir glauben, daß „das Wort Gottes Fleisch geworden ist und unter uns gewohnt hat", glauben, daß er, der Menschgewordene, der Retter der Menschen ist, empfangen wir die Macht, Kinder Gottes zu werden. Und darin liegt unsere ganze Würde, liegt das Absolute, das uns erfassen läßt, was es um unser Leben, unsere Berufung ist.

Letzthin machte sich einer zum Sprecher derer, die glaubenslos sind, und fragte mich: „Befürchten Sie nicht, daß der christliche Glaube illusorisch erscheint, daß er denen, die in Elend und Not sind, als ein Traum vorkommt?" Ich habe darauf geantwortet, und ich antworte auch hier allen im Namen derer, welche die Verzweiflung gekannt haben und sie immer noch kennen, im Namen derer, welche die schlimmste Prüfung durchmachen, die der Verachtung und der Entrechtung, die Prüfung der äußersten Unsicherheit. Ich antworte allen im Namen derer, deren Leben bedroht ist, derer, die in Todesangst sind, derer, die auf dieser Welt keine Stütze mehr haben. Und ich sage allen: Die Würde, die uns niemand nehmen kann, die Kraft, um die uns niemand bringen kann, ist die, die Gott selbst uns gibt, dessen Sohn Mensch geworden ist. Der erniedrigste Mensch, den andere Menschen entwürdigt oder den seine Sünden verunstaltet haben, der unter der Last der Verachtung durch andere, des Leides und der Krankheit ganz erdrückte Mensch, der aller seiner Rechte beraubte Mensch behält noch das erhabenste Recht, das wir dank des Kindes, das zu Betlehem von der Jungfrau Maria geboren worden ist, erhalten: die Macht, Kind Gottes zu werden. Der Mensch wird zum König, denn er wird Sohn des Königs der Welt, Gottes selbst. Jeder Mensch auf dieser Welt ist selbst im schlimmsten Elend imstande, göttlich, als Kind Gottes zu leben. Mag jemand in den Augen der Menschen noch so tief gesunken sein, mag er auch manchmal sich selbst zutiefst verachten, so liegt in ihm doch die göttliche Königswürde des Menschen. Der Glaube läßt uns dessen gewiß sein.

Aus diesem Grund müssen wir zunächst vor uns selbst unendlichen Respekt haben, obwohl unsere Schwächen, unsere Unzulänglichkeiten, das Altern unseres Leibes, das Scheitern unseres Lebens und vielleicht unsere Sünden uns zur Selbstverachtung oder Verzweiflung bringen könnten. Trotz allem gewährt uns Gott bedingungslos die Macht, Kinder Gottes zu werden, weil das Wort Gottes bedingungslos ein Menschenkind geworden ist.

Aus diesem Grund müssen wir jedes menschliche Wesen bedingungslos und grenzenlos lieben. Jeder Mensch, wer es auch sein mag – das Kind, das noch nicht das Licht der Welt erblickt hat, sondern noch im Mutterschoß weilt; der Mensch anderer Sprache, anderer Rasse, anderer Klasse, anderer Nation, anderer Meinung; der an Geist oder Leib Verunstaltete; der Geistesschwache oder Gebrechliche; der, dessen Leben gescheitert scheint; der, den wir als Verbrecher beurteilen; der, den alle verachten oder alle hassen – jedweder Mensch ist der Liebe würdig, weil er nach dem Plane Gottes dazu bestimmt ist, Kind Gottes zu werden, weil er in sich die gottgeschenkte unverlierbare Macht hat, Kind Gottes zu werden.

Aus diesem Grund müssen wir somit einander mit der gleichen Liebe lieben, mit der Liebe, mit der uns der liebt, der uns diese unendliche Macht gibt. Wir müssen einander lieben, wie Gott uns liebt. Und dies an diesem Weihnachtsmorgen zu sagen, heißt nicht, eine Predigt halten, heißt nicht, gute Empfindungen wecken. Zu lieben ist eine Pflicht, eine Aufgabe, eine Sendung, zu lieben kostet Opfer. Es ist die heldenmütigste Pflicht, die heldenmütigste Sendung. Zu lieben, kostet Opfer, kostet unser Leben.

Das Evangelium der Weihnachtsnacht hat uns gesagt: „Maria legte ihn in eine Krippe." Das Kind, das da ist, wird hingegeben, so wie uns der Leib Christi zur Nahrung gegeben wird. Leib, der hingegeben, Blut, das vergossen wird; Leben, das gegeben wird für das Leben der Welt. Sie kostet, die Liebe, die in diesem einzigartigen Sohn zutage tritt, der uns geschenkt worden ist, in diesem Sohn, dem Königsmacht auf die Schultern gelegt worden ist. Er gibt sein Leben hin, um uns zu retten, er, durch den uns so das göttliche Leben als überschwengliche Gnade, maßlose Liebe geschenkt wird, die uns fortan beseelt.

Die absolute Würde des Menschen liegt in dieser Macht, die von Gott kommt und die niemand uns entreißen kann, in der Macht, kraft des Glaubens an den einzigen Sohn Kinder Gottes zu werden, in der Macht, der die Achtung entspringt, die wir einander entgegenbringen sollen, in der Macht, der die Liebe entspringt, in der wir einander lieben sollen.

III

Erscheinung des Herrn

*A*ls nun Jesus geboren war, zu Betlehem im Lande Juda in den Tagen des Königs Herodes, da kamen Weise aus dem Morgenlande nach Jerusalem und sagten: „Wo ist der neugeborene König der Juden? Denn wir haben seinen Stern im Aufgehen gesehen und sind gekommen, ihm zu huldigen." Als der König Herodes das hörte, erschrak er und ganz Jerusalem mit ihm. Und er ließ alle Hohenpriester und Schriftgelehrten des Volkes zusammenkommen und forschte sie aus, wo der Messias geboren werden solle. Sie sagten ihm: „In Betlehem im Lande Juda. Denn so steht geschrieben im Propheten: ,Und du, Betlehem, Land Judas, bist keineswegs die geringste unter den Früstenstädten Judas, denn aus dir wird der Herrscher hervorgehen, der mein Volk Israel weiden wird.' "

Da rief Herodes die Weisen heimlich zu sich und horchte sie aus, wann ihnen der Stern erschienen sei. Dann schickte er sie nach Betlehem und sagte: „Ziehet hin und forschet genau nach dem Kinde, und sobald ihr es gefunden habt, laßt es mich wissen, damit auch ich komme und ihm huldige." Nachdem sie den König angehört hatten, brachen sie auf. Und siehe, der Stern, den sie im Aufgehen gesehen hatten, zog vor ihnen her, bis er ankam und stehenblieb über dem Ort, wo das Kind war. Als sie aber den Stern erblickten, hatten sie eine überaus große Freude. Sie traten in das Haus ein und schauten das Kind mit seiner Mutter Maria, fielen nieder und huldigten ihm. Dann öffneten sie ihre Schätze und brachten ihm Geschenke dar, Gold, Weihrauch und Myrrhe. Und da sie im Traum die Weisung empfingen, nicht zu Herodes zurückzukehren, zogen sie auf einem anderen Weg heim in ihr Land.

Matthäusevangelium 2, 1–12

„Wo ist der König der Juden?"

Die Magier suchen den König der Juden. Zu sagen, daß Jesus König ist, beschwört einen restlosen, tödlichen, unerbittlichen Konflikt mit einem andern König herauf. Einen erbarmungslosen, blutigen Konflikt.

Diese Episode hat etwas Verwirrendes. Herodes erscheint als der König des gottgeweihten Volkes. Als der fürstliche Erbe Davids. Er ist der Wiederhersteller des Tempels. Und dabei ist er ein Usurpator, ein Heide, ein Idumäer. Er gibt vor, sich nach den Weissagungen zu richten: „Erklärt mir doch, wo er geboren ist und was die Schriften über ihn sagen, damit auch ich hingehe, ihn anzubeten!" Aber er lügt. Er ist ein Heuchler und ein Mörder. Seine angemaßte Macht über das Volk verwendet er zum Gemetzel, zum Blutbad. Vom Standpunkt der Geschichtschronik ist diese Tötung der Unschuldigen nur eine Kleinigkeit. Herodes war eine barbarische und blutrünstige Figur. Der Mord einiger Kleinkinder in Betlehem ist gewichtlos verglichen mit den Morden, mit denen sein Leben durchsät ist.

Aber der Evangelist will uns keine Biographie des Herodes liefern. Er stellt uns nur, in einem kontrastierenden Fresko, zwei Reiche vor: das des Herodes, das alle Reiche dieser Welt symbolisiert, ja wirklich alle Herrschaftsformen dieser Welt, und das Reich Christi, das sich in der Unschuld eines Kindes darstellt.

Hier müssen wir innehalten und über das Wesen dieses Konflikts nachdenken, die aufeinanderprallenden und sich bekämpfenden Mächte betrachten, um zu entdecken, um welche Herrschaft sie sich streiten und welchem König wir zugehören.

Was geschieht, wenn der verheißene Hirte erscheint, der die Prophetie erfüllen soll? Vom Augenblick an, da auch nur verkündet wird, Gott werde unter uns als ein Friedensfürst erscheinen, da der Unschuldige auftaucht, der die Verheißung erfüllt, da die Gewißheit herrscht, wenn auch noch dunkel: verborgen, verhüllt im Geheimnis, Gott werde sein Versprechen halten, sein Reich werde auf die Welt kommen und somit Recht und Gerechtigkeit, Friede und Wahrheit, Liebe und Vergebung hienieden walten: schon diese einfache Ankündigung durch unbekannte Leute, die ihrerseits dessen nicht sicher sind, was sie suchen, schon die bloße Ankündigung einer solchen Möglichkeit in einem kleinen ohnmächtigen Kind entfesselt die Mächte des Todes.

Denn wenn es wahr ist, daß die Wahrheit in dieser Welt einbricht, dann ist das eine tödliche Bedrohung für die Lüge. Und wenn es wahr ist, daß in dieser Welt Vergebung erteilt wird, dann sind die Weltreiche gezwungen, ihr Wesen zu enthüllen als verlogene Mörder. Ich sage: Mörder. Übertreibe ich? Erinnern wir uns des Wortes bei Johannes: „Jeder, der seinen Bruder haßt, ist ein Mörder." Haben Sie's gehört? Es steht im ersten Johannesbrief. Und so ist jeder, der seine eigene Sünde nicht zugibt und damit das Verzeihen Gottes nicht anerkennt, ein Lügner.

Wenn somit dieser wahre König erscheint, enthüllt sich die Wahrheit der weltlichen Reiche in ihrer nackten, mörderischen, verlogenen und mordenden Grausamkeit. Denn das ist der Teufel. Die Reiche dieser Welt verteidigen sich unmittelbar dadurch, daß sie töten. Jesus ist ein Überlebender, zeitweilig, denn er gehört zur Schar der von Herodes Geschlachteten, die Partie ist nur aufgeschoben. Die Inschrift „König der Juden" wird am Ort des Stelldicheins hängen, verfaßt und angenagelt auf Geheiß des Heiden Pilatus. Es wird um den gleichen Unschuldigen gehen, der die Ankunft des Reiches verkündigen wird. Durch eben seine Unschuld wird er für alle in der Fülle der von Gott geschenkten Liebe den Zugang zu diesem Reich öffnen.

Und diese Unbekannten, diese Heiden – Magier genannt –, die den König der Juden anbeten kommen, sind die Repräsentanten all derer, die heute durch Gottes Gnade ein Recht „auf die gleiche Erbschaft" wie Israel erhalten haben, oder, mit einem andern Ausdruck Pauli, in die gleiche Gnade eintreten.

Der Konflikt, in den die von Gott gekommene Unschuld, die immerfort verhöhnte, immerfort verfolgte, immerfort von den Fakten dementierte, geworfen wird, ist genau das Schlachtfeld, auf das wir gestellt sind, wir, in der gegenwärtigen Zeit. Damit ist kein pessimistisches Urteil über die Welt ausgesprochen. Es ist im Gegenteil eine sachliche, friedvolle Sicht. Denn Christi Reich besteht nicht darin, daß eines Tages das Jesuskind Nachfolger des Königs Herodes wird, wie dieser fürchtet und wie wir andern es gerne möchten.

Sondern daß in unserer Zeit, die die Zeit des Herodes ist, unter den Hingeschlachteten die heilige, sohnliche, göttliche Unschuld gegenwärtig sei, sie, die die Welt rechtfertigt.

Wir haben unsere Rolle nicht zu wählen. Wir haben nicht theatralisch auszurufen: „Wir werden die Unschuldigen sein." Die Unschuldigen Betlehems haben nichts gewählt. Aber durch den Unschuldigen, der Jesus heißt, wird ihre sinnlose Schlachtung ein Quell des Friedens und der Vergebung.

Inmitten unserer grausamen Zeit haben wir zu erweisen, wir, die mit Christus eins sind, und wär es um den Preis unseres Lebens, welche Liebe den Menschen verliehen ist, mit welcher Großmut Gott alle Gefängnisse der Menschen öffnet.

Wir haben zu erweisen, daß der Tod besiegt ist – und der Tod ist die Macht des Herodes. Wir widersetzen uns ihm, nicht mit stoischem Mut, sondern unter dem Zittern derer, die, mit Christus zu sterben bestimmt, die Gabe seines Lebens empfangen.

Verzeichnis der Herkunft der Texte

Die in diesem Band zusammengefaßten Texte wurden ursprünglich als Predigten gehalten:

„Fürchtet euch nicht" (S. 9): Predigt in der Pfarrkirche Sainte-Jeanne de Chantal in Paris bei der Eucharistiefeier in der Heiligen Nacht 1975 (in: J.-M. Lustiger, Habt Vertrauen. Übertragung und Vorwort von Hans Urs von Balthasar. Freiburg i. Br. ²1983).

Das unbegreifliche Ereignis (S. 14): Predigt in der Pfarrkirche Sainte-Jeanne de Chantal in Paris bei der Eucharistiefeier in der Heiligen Nacht 1976 (in: J.-M. Lustiger, Habt Vertrauen).

Das Zeichen des ausgelieferten Kindes in der Krippe (S. 19): Predigt in der Pfarrkirche Sainte-Jeanne de Chantal in Paris bei der Eucharistiefeier in der Heiligen Nacht 1977.

Durch die Liebe Gottes geboren (S. 25): Predigt in der Kathedrale Notre-Dame in Paris bei der Eucharistiefeier in der Heiligen Nacht 1981.

Schweigen vor dem Geheimnis (S. 29): Predigt in der Kathedrale Notre-Dame in Paris bei der Eucharistiefeier in der Heiligen Nacht 1982.

Wie die Hirten in der Nacht (S. 32): Predigt in der Kathedrale Notre-Dame in Paris bei der Eucharistiefeier in der Heiligen Nacht 1983 (vom Rundfunk übertragen).

Blicken auf das Kind (S. 37): Predigt in der Kathedrale Notre-Dame in Paris bei der Eucharistiefeier in der Heiligen Nacht 1984.